W0274396

Forum Geschichte kompakt 1

Nordrhein-Westfalen
Kopiervorlagen Kompetenztraining

Selbstdiagnose-, Förder- und
Testbögen als Kopiervorlagen

Erarbeitet von
Dr. Frank G. Becker und Holger Reiner Stunz
unter Mitarbeit der Verlagsredaktion

Cornelsen

Erarbeitet von:
Dr. Frank G. Becker
und Holger Reiner Stunz
unter Mitarbeit der Verlagsredaktion

Redaktion: Dr. Birgit Scholz, Berlin; Dagmar Scheich, Berlin
Karten und Grafik: Dr. Volkhard Binder, Berlin; Peter Herlitze, Berlin
Umschlaggestaltung: Klein & Halm Grafikdesign, Berlin
Layout und technische Umsetzung: David van der Kemp (Füsgen Media, Berlin)

Das Umschlagbild zeigt Überreste eines römischen Theaters
auf dem Ruinenfeld der antiken Stadt Leptis Magna in Libyen
(Fotografie: © Roger Wood/CORBIS).

www.cornelsen.de

1. Auflage, 1. Druck 2009

© 2009 Cornelsen Verlag, Berlin

Die Internetadressen und -dateien, die in diesem Lehrwerk angegeben sind,
wurden vor Drucklegung geprüft. Der Verlag übernimmt keine Gewähr
für die Aktualität und den Inhalt dieser Adressen und Dateien oder solcher,
die mit ihnen verlinkt sind.

Das Werk und seine Teile sind urheberrechtlich geschützt.
Jede Nutzung in anderen als den gesetzlich zugelassenen Fällen
bedarf der vorherigen schriftlichen Einwilligung des Verlages.
Hinweis zu den §§ 46, 52 a UrhG: Weder das Werk noch seine Teile dürfen
ohne eine solche Einwilligung eingescannt und in ein Netzwerk eingestellt
oder sonst öffentlich zugänglich gemacht werden.
Dies gilt auch für Intranets von Schulen und sonstigen Bildungseinrichtungen.
Die Kopiervorlagen dürfen für den eigenen Unterrichtsgebrauch
in der jeweils benötigten Anzahl vervielfältigt werden.

Druck: CS-Druck CornelsenStürtz, Berlin

ISBN 978-3-06-064385-1

Inhalt gedruckt auf säurefreiem Papier aus nachhaltiger Forstwirtschaft.

Inhaltsverzeichnis

Einleitung

Einschätzungs-, Förder- und Testbögen zeigen konkret, wie kompetenzorientierter Geschichtsunterricht aussehen kann

A. Überlegungen zur Didaktik

Eine Szene – Geschichtsunterricht wie er aussehen kann: Die Lehrerin hat mit ihrer 6. Klasse „Lebenswelt griechische Polis" mit dem neuen „Forum Geschichte kompakt" erarbeitet. Nun soll eine Lernkontrolle geschrieben werden. Die Schülerinnen und Schüler fragen, was sie denn nun lernen sollen. So viel Stoff! Und Kunstwerke entschlüsseln – müssen wir das auch können? Und die Namen der griechischen Götter und Philosophen? Die Lehrerin merkt an den Fragen, dass die Klasse unsicher ist. Unsicher nicht nur im Stoff, sondern auch in Bezug auf das, was in der Lernkontrolle von ihnen verlangt werden wird. Zudem weiß sie, dass der Unterricht sehr unterschiedliche Früchte getragen hat; einige der Kinder haben Lücken und über wichtige Probleme nicht nachgedacht.

Natürlich ist auch ein Selbsteinschätzungsbogen kein Allheilmittel. Aber der Appell, das eigene Können und die Defizite zu benennen, sowie die freiwillige Selbsteinschätzung sind der erste Schritt, um Lücken zu schließen und Kenntnisse nicht nur zu pauken, sondern sich verstehend anzueignen. Mit ergänzenden Förderbögen können die Schülerinnen und Schüler individuell Wissen aufarbeiten und vertiefen. Transparenter Geschichtsunterricht legt offen, was unter welchen Fragestellungen gelernt werden soll und welche Techniken dazu erforderlich sind. Und er macht sichtbar, wo man – im Buch wie in zusätzlichen Materialien – Hinweise finden kann, um sich noch besser vorzubereiten. Diese Handreichung soll die Selbsteinschätzung sowie individuelles, selbstgesteuertes Lernen im Zusammenspiel mit dem neuen Lehrwerk „Forum Geschichte kompakt" ermöglichen. Grundlage hierfür sind erstmals nicht nur die historischen Inhalte, sondern auch die verschiedenen Kompetenzen, die zunehmend in die Bildungsstandards aufgenommen werden.

Bislang liegen den interessierten Geschichtskolleginnen und -kollegen zwei scheinbar unvereinbare Anforderungen vor: zum einen der Lehrplan mit seiner Stofffülle, zum anderen die lange Liste von Kompetenzen, die die Schülerinnen und Schüler im Laufe ihrer Schulkarriere erwerben sollen: z. B. beurteilen, Meinung bilden, Fremdverstehen entwickeln, Gegenwartsbezüge herstellen. Die entscheidende Frage, wie man die hohen Ziele des Kompetenzerwerbs mit den stofflichen Anforderungen des Lehrplans in Einklang bringen kann, ist bislang nicht gelöst.
Die Auffassung, dass Geschichte ein Denkfach ist, ja sein muss, damit es in unserer Gegenwart eine Berechtigung hat, setzt sich langsam durch. Lange hat auch die Fachdidaktik darüber gestritten, wie man das historische Denken lehren, überprüfen und bewerten kann – kurz: wie historisches Bewusstsein „gemessen" werden kann. Die Geschichtswissenschaft und die Schuldidaktik sind sich derzeit weitgehend einig, dass der Kompetenzbegriff der Schlüssel zur Beantwortung dieser Frage ist. Auch die Kultusministerien beginnen, ihn zu diskutieren und in rechtliche Vorgaben zu übersetzen.

Diese Handreichung bietet den Schülerinnen und Schülern Anhaltspunkte, was von ihnen im Denkfach Geschichte erwartet wird und wie sie dieser Anforderung gerecht werden können. Wir, die Autoren, wollen eine Schnittmenge zwischen der Stofffülle des Curriculums und den Kompetenzerfordernissen aufzeigen, die weder die Lehrerinnen und Lehrer noch die Kinder überfordert. Ausgangspunkt und Medium dieser Konkretisierung ist das neue Lehrbuch „Forum Geschichte kompakt". Alle Bögen sind sowohl am Lehrbuch mit seinen Abbildungen, Texten und Themenschwerpunkten sowie am neuen Lehrplan des Landes Nordrhein-Westfalen ausgerichtet. Zu Grunde liegen Überlegungen zum kompetenzorientierten Geschichtsunterricht, wie er in der Zeitschrift „Geschichte lernen", Heft 116/2007, vorgestellt wurde.

In diesem Heft finden Sie keine Tests im eigentlichen Sinne, um über die Kompetenzen von Schülerinnen und Schülern Buch führen zu können. Um eine Messbarkeit des Bildungserfolgs im engeren Sinne geht es nicht. Wohl aber um Instrumente für Ihre Klassen, um sich nach dem Prinzip der Selbsteinschätzung frei von Benotungsdruck zu fragen, was sie verstanden haben und wo sie noch etwas nacharbeiten müssen. Die jedes Kapitel abschließenden Testbögen sind keine Vorlagen für Lernkontrollen, sondern sollen eher als Übungen nochmals zentrale Bereiche aus der Einheit aufgreifen. Viele dieser Bögen eignen sich auch für die Wochenplanarbeit, da sie einer umfangreicheren ganzheitlichen Problemstellung folgen. Wir setzen mit diesen Instrumenten auf die Entwicklung einer Selbstwahrnehmung bei den Schülerinnen und Schülern. Im Zentrum stehen deshalb die Selbstbewertungsbögen, die den Schülerinnen und Schülern umreißen, was auf Grundlage von „Forum Geschichte kompakt" zu erwarten ist und welche Fragen sie beantworten können sollen.

Diese Handreichung geht aber über den Gedanken der selbstregulativen „Diagnose" hinaus und liefert den Schülerinnen und Schülern Anhaltspunkte, wo sie sich im Lehrbuch informieren können. Ein Novum sind die auf das Lehrbuch und die Selbsteinschätzungsbögen abgestimmten Förderbögen, die den Stoff des Lehrbuchs aus neuer, kompetenzgeleiteter Fragehaltung nochmals beleuchten und zusätzliche Informationen bieten. Alle Bögen dienen zur Ergänzung und Vertiefung des Lehrbuchstoffes und bieten neue Perspektiven, auch in methodischer Hinsicht.

Anhand einer Handreichung zum Lehrwerk „Forum Geschichte kompakt" wird so das Desiderat einer Konkretisierung der Schnittmenge von Stoff, Lehrplan und Kompetenzen eingelöst. Es ist ein am Beispiel und einem Lernkanon ausgerichteter Vorschlag für die Zusammenführung der verschiedenen Interessen von Schülern, Lehrerinnen, Fachdidaktikern, Bildungsforscherinnen, Schulbuchverlagen und Kultusbehörden. Viele Ideen dieser Handreichung sind unterrichtserprobt, viele können es noch nicht sein, weil das Lehrwerk noch nicht im Einsatz ist. Wir hoffen dennoch, einen Konsens gefunden zu haben, der hilft, Geschichte als Denkfach mit seinen speziellen Erfordernissen und Techniken zu profilieren.

B. Praktische Handhabung

Der Einsatz von Selbsteinschätzungsbögen im Geschichtsunterricht der Sekundarstufe I wird vermutlich sowohl für die unterrichtende Lehrkraft wie auch für die Schülerinnen und Schüler ungewohnt sein. Beide Seiten müssen den Umgang mit diesem neuen didaktischen Instrument lernen, um seinen Nutzen zu erkennen. Wer allerdings bereits nach dem ersten Einsatz eine spürbare Verbesserung erwartet, wird unter Umständen enttäuscht.

Die Fähigkeit, die eigenen historischen Sach- und Methodenkompetenzen einschätzen zu können, ist auch für Schülerinnen und Schüler ein Lernprozess. Wir empfehlen daher unabhängig von der Altersstufe, dass die Lehrkraft den ersten ausgegebenen Selbsteinschätzungsbogen im Unterricht mit der Klasse bespricht, beispielsweise um Fragen zur Bedeutung der verwendeten Operatoren zu klären. Mit fortschreitender Übung erlangen beide Seiten größere Routine im Umgang mit dem Medium „Selbsteinschätzungsbogen". Voraussetzung hierfür ist die Bereitschaft, sich auf den anfänglichen Mehraufwand einzulassen, der nach unseren Erfahrungen aber nicht nur zu besseren Ergebnissen bei Lernkontrollen führt, sondern den Lernenden hilft, ihren Arbeitsprozess selbst zu strukturieren und zu evaluieren, was langfristig für beide Seiten zu einer Entlastung führen kann. So ist beispielsweise denkbar, dass geübte „Selbsteinschätzer" auf der Basis einer zurückliegenden Unterrichtseinheit selbst ermitteln, welche Sach-, Methoden-, Handlungs- und Urteilskompetenzen wichtig waren und für die Klasse einen individuellen Selbsteinschätzungsbogen erstellen.

Prinzipiell sehen wir folgende Möglichkeiten zum Einsatz der hier vorliegenden *Selbsteinschätzungsbögen*:

- Am Ende einer Unterrichtseinheit teilt die Lehrkraft den Selbsteinschätzungsbogen aus. Die Schülerinnen und Schüler setzen sich – anfangs eher während des Unterrichts, später zunehmend zu Hause – mit den von ihnen erwarteten Kompetenzen auseinander und schätzen selbst ein, wie gut sie diese beherrschen. Anschließend sammelt die Lehrkraft die Bögen wieder ein, wertet sie aus und erhält so einen differenzierten Überblick, bei welchen Anforderungen noch Förderbedarf besteht. Ob diese Bögen anonym ausgefüllt werden oder ob die Schülerinnen und Schüler der Lehrkraft durch Handzeichen signalisieren, wo sie sich noch unsicher fühlen, wird im Einzelfall zu entscheiden sein. Im Anschluss sollten die Möglichkeiten besprochen werden, wie die noch nicht beherrschten Kompetenzen aufgearbeitet werden können, beispielsweise durch das Angebot der Förderbögen.
- Der im Teil A beschriebene Einsatz der Selbsteinschätzungsbögen vor Lernkontrollen wird vermutlich in der Praxis den größten Anteil ausmachen. Hierfür müssten die Bögen etwa sieben bis zehn Tage vor der Lernkontrolle ausgeteilt werden, damit die Lernenden noch genügend Zeit zum Schließen ihrer Lücken haben. In diesem Zusammenhang können die Bögen auch dazu verwendet werden, den Schülerinnen und Schülern zu zeigen, was in der Lernkontrolle „drankommt" – und was nicht. Hier haben wir sowohl von den Lernenden selbst als auch von deren Eltern dankbare Zustimmung erhalten.
- Die Selbsteinschätzungsbögen wurden auf der Grundlage des Lehrwerks „Forum Geschichte kompakt" erstellt. In der Praxis wird die Lehrkraft aber zusätzliche Materialien verwenden, Exkurse unternehmen, ein Thema vertiefen und ein anderes hingegen nur kurz streifen. Aus diesem Grund liegen die Materialien dieser Handreichung auch auf CD-ROM vor, sodass die Kolleginnen und Kollegen auf den eigenen Unterricht zugeschnittene Bögen durch Änderungen, Ergänzungen und Streichungen erstellen können. Dies ist umso wichtiger, weil die Schülerinnen und Schüler das Instrument erst dann schätzen lernen, wenn sie den zurückliegenden Unterricht auf den Selbsteinschätzungsbögen wiederfinden. Auch die oben vorgeschlagenen, von Schülerhand erstellten Bögen lassen sich so realisieren bzw. mit Vorgaben der Lehrkraft kombinieren.

Die große Stärke dieser Selbsteinschätzungsbögen ist es, dass sie den Schülerinnen und Schülern nicht nur die im Geschichtsunterricht erforderlichen Kompetenzen transparent machen, sondern ihnen zugleich Hilfen zum Aufarbeiten ihrer individuell verschiedenen Lücken aufzeigen. Die letzte Spalte „Hilfen finde ich hier" verweist auf die entsprechenden Seiten in „Forum Geschichte kompakt". Ergänzend und vertiefend wurden für jede Unterrichtseinheit und damit jeden Selbsteinschätzungsbogen vier bis sechs Förderbögen erarbeitet, auf die ebenfalls an den betreffenden Stellen verwiesen wird.

Verschiedene Einsatzmöglichkeiten dieser *Förderbögen* sind denkbar:

- Sollte die Lehrkraft, wie oben beschrieben, die Selbsteinschätzungsbögen zur Evaluierung des Unterrichts auswerten, kann sie den Lernenden auf dieser Grundlage die passenden Förderbögen zur Aufarbeitung der Lücken austeilen. Vor allem in den unteren Klassen dürfte es anfangs noch notwendig sein, die Schülerantworten bewertungsfrei zu korrigieren.
- Bei zunehmender Routine im Umgang mit der Selbsteinschätzung reicht es, die Förderbögen als Kopiervorlagen oder laminierte Blätter im Klassenschrank zu deponieren und es den Schülerinnen und Schülern selbst zu überlassen, die individuell festgestellten Lücken mithilfe der Verweise auf das Unterrichtsbuch bzw. die Förderbögen zu schließen. Anhand der Lösungen zu jedem Förderbogen können die Schülerinnen und Schüler ihre Antworten selbst überprüfen. Hat eine Klasse diesen Grad der Selbstständigkeit und Eigenverantwortung erreicht, bereitet der Einsatz der Selbsteinschätzungsbögen auch keinen zusätzlichen Arbeitsaufwand mehr.

Ein generelles Problem im Umgang mit den Selbsteinschätzungsbögen soll nicht verschwiegen werden: Vielen Schülerinnen und Schülern fällt es schwer, ihre eigenen Sach-, Methoden-, Handlungs- und Urteilskompetenzen zutreffend einzuschätzen und die daraus notwendigen Schlüsse zu ziehen. Insbesondere Jungen attestieren sich gerne vorschnell größere Kompetenzen, während sich die Mädchen bisweilen zurückhaltender einschätzen. Die divergierende Selbst- und Fremdwahrnehmung sollte unbedingt in der Einführungsphase der Selbsteinschätzungsbögen durch die Lehrkraft thematisiert werden. Lehrerinnen und Lehrer sind nach wie vor verpflichtet, den Lernprozess zu beobachten und eigenständig zu bewerten. Nur ein Austausch über Kenntnisse, Defizite und Lerndesiderate kann zu guten Ergebnissen führen. Die Selbsteinschätzungsbögen holen die Lernenden mit ins Boot und machen ihnen Angebote, umreißen, welche fachlichen und methodischen Kompetenzen von ihnen erwartet werden. Nur wenn die Selbsteinschätzung weitgehend frei von Bewertungsdruck oder Scham ist, arbeiten Schülerinnen und Schüler an der Selbstwahrnehmung und werden zu kompetenten Gesprächspartnern im Austausch über den eigenen Leistungsstand und das Lernvermögen der Lerngruppe.

Wünschenswert wäre es weiterhin, dass man trotz der Stofffülle und chronisch knapper Unterrichtszeit die Möglichkeit findet, einen Kurztest zu schreiben, der nicht in die Halbjahreswertung einfließt. Zu diesem Zweck haben wir auf der Grundlage jeder Unterrichtseinheit jeweils einen umfangreichen *Testbogen* konzipiert, der nicht als Kopiervorlage für eine Lernkontrolle gedacht ist und daher auch keine Punktgewichtung oder Zeitvorgabe enthält. Stattdessen sollen die Schülerinnen und Schüler unabhängig von Noten testen können, inwieweit sie die selbst attestierten Sach-, Methoden-, Handlungs- und Urteilskompetenzen tatsächlich besitzen. Wie auch bei den Förderbögen liegen zu den Testbögen Lösungen vor; die Testbögen ergänzen damit die Kompetenz-Checks in „Forum Geschichte kompakt".

Selbsteinschätzungsbögen im Geschichtsunterricht sind sicherlich keine didaktische Wunderwaffe. Sie machen jedoch Anforderungen transparent und geben Orientierungshilfen. Somit können sie dazu beitragen, Enttäuschungen und Frust zu vermeiden und das historische Interesse am Fach zu bewahren. Und nicht zu vergessen: Selbsteinschätzungsbögen fördern die Kompetenz der Schülerinnen und Schüler, ihre eigenen Fähigkeiten und Fertigkeiten realistisch einzuschätzen – ein entscheidender Schritt im Lernprozess im Denkfach Geschichte.

C. Weiterführende Literatur

AHLRING, I./ZINKE, B., Lerndiagnose als emphatische Beobachtung. In: Praxis Schule 5–10 (Februar 2003), S. 1–4.

CONRAD, F. (Hg.), Diagnostizieren im Geschichtsunterricht. Themenheft von: „Geschichte lernen" 116 (2007).

HASBERG, W., Von Pisa nach Berlin. Auf der Suche nach Kompetenzen und Standards historischen Lernens. In: Geschichte in Wissenschaft und Unterricht (GWU) 12 (2005), S. 684–702.

HELMKE, A., Unterrichtsqualität erfassen, bewerten, verbessern, 3. Auflage, Seelze, 2004.

INGENKAMP, K., Lehrbuch der pädagogischen Diagnostik, 2. Auflage, Weinheim/Basel, 1992.

KLIEME, E., Zur Entwicklung nationaler Bildungsstandards. Eine Expertise, Berlin, 2003.

KRETSCHMANN, R., Erfordernisse und Elemente einer Diagnostikausbildung für Lehrerinnen und Lehrer. In: Journal für LehrerInnenbildung 2 (2003), S. 9–19.

PANDEL, H.-J., Geschichtsunterricht nach Pisa. Kompetenzen, Bildungsstandards und Kerncurricula, Schwalbach/Ts., 2005.

SAUER, M., Kompetenzen konkret. Kartenarbeit als Beispiel für einen Kompetenzbaustein. In: Geschichte, Politik und ihre Didaktik 34 (2006), S. 36–41.

DERS., Kompetenzen für den Geschichtsunterricht – ein pragmatisches Modell als Basis für die Bildungsstandards des Verbandes der Geschichtslehrer. In: Informationen für den Geschichts- und Gemeinschaftskundelehrer 72 (2006), S. 7–20.

1. Frühe Kulturen

1.1 Älteste Spuren der Menschen

Ich kann, weiß, verstehe ...	Sehr sicher	Sicher	Unsicher	Sehr unsicher	Hilfen finde ich hier:
1 Ich kann beschreiben, wie die Menschen früher und heute die Zeit gemessen haben bzw. messen.					S. 11 Förderbogen 1
2 **a)** Ich kenne verschiedene Zeitrechnungen und					S. 12–13 Förderbogen 2
b) kann erklären, weshalb beispielsweise muslimische Mitschülerinnen und Mitschüler heute ein anderes Datum als ihre christlichen Mitschülerinnen und Mitschüler schreiben.					
3 Ich kann die Einteilung der Geschichte in Epochen erklären.					S. 12–13
4 **a)** Ich kenne den Unterschied zwischen einem Sachtext und einer Quelle und					S. 14–15 Förderbogen 3
b) kann verschiedene Arten historischer Quellen benennen und unterscheiden.					
5 Ich kann den Begriff „Archäologie“ erklären.					S. 16
6 Ich weiß, wie Archäologen arbeiten und kann dies an einem Beispiel erklären.					S. 16–19
7 Ich kann eine moderne naturwissenschaftliche Methode erklären, mit der sich beispielsweise das Alter von Knochenfunden datieren lässt.					S. 18
8 **a)** Ich weiß, dass sich die Menschen zeitgleich in verschiedenen Erdteilen entwickelten.					S. 16–17, 20–21
b) Ich kann darstellen, woher die ersten Menschen kamen und wie sie sich auf der Erde verbreiteten.					
9 Ich kann erklären, warum Wissenschaftler neuerdings annehmen, dass Südamerika nicht allein über den Landweg von Norden her besiedelt wurde.					S. 22
10 Ich kann einen Lehrbuchtext erschließen.					S. 23 Förderbogen 4
11 **a)** Ich kenne die Stationen in der Entwicklung der Menschen und					S. 24
b) kann Merkmale der verschiedenen Menschenarten wiedergeben.					

© 2009 Cornelsen Verlag, Berlin. Alle Rechte vorbehalten.

Förderbogen 1

Zum erfolgreichen Bearbeiten dieses Förderbogens solltest du noch einmal folgende Seite(n) im Buch aufmerksam lesen: **S. 11**

M1 Uhren von damals und heute

Pendeluhr

Wasseruhr

Sonnenuhr

Atomuhr in Braunschweig

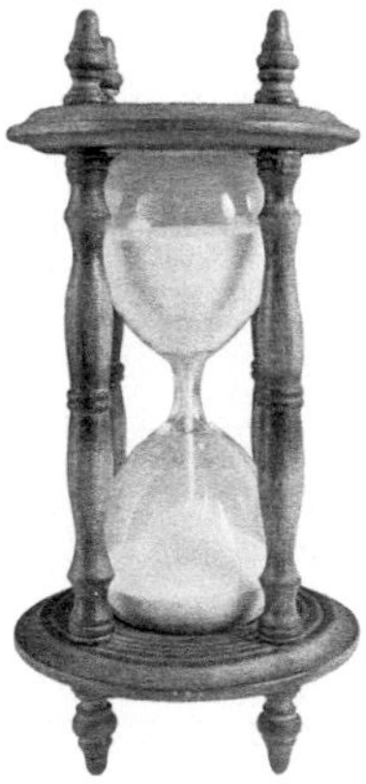

Sanduhr

Kerzenuhr

Analoge Stoppuhr

Weltzeituhr in Berlin

Arbeitsaufträge:

1 Ordne die verschiedenen Arten von Uhren nach ihrem Alter. Womit werden die Menschen vermutlich zuerst die Zeit gemessen haben?

2 Erkläre, weshalb manche der hier abgebildeten Uhren für unseren heutigen Alltag ungeeignet sind.

© 2009 Cornelsen Verlag, Berlin. Alle Rechte vorbehalten.

Förderbogen 2

Zum erfolgreichen Bearbeiten dieses Förderbogens solltest du noch einmal folgende Seite(n) im Buch aufmerksam lesen: **S. 12–13**

Die christliche Zeitrechnung wird heute zwar von den meisten Menschen benutzt, aber noch immer führen andere Religionen und andere Kulturen ihre eigenen Kalender, die sich – ähnlich wie im Christentum – an einer Gründergestalt orientieren.
Hier nur eine kurze Auswahl der bekanntesten Zeitmessungen aus vergangenen Epochen und heute:

- Die Ägypter beispielsweise maßen die Zeit jeweils nach den Herrscherjahren ihrer Pharaonen, begannen also regelmäßig wieder von vorne.
- Der jüdische Kalender beginnt mit der Schöpfung der Welt (der Beriah). Erst im vierten nachchristlichen Jahrhundert legte man diese auf das Jahr 3761 v. Chr. fest bzw. errechnete aufgrund von Angaben in der Bibel und im Talmud dieses Jahr als Beginn der Welt.
- Die Griechen zählten die Jahre nach den Olympischen Spielen. Der Zeitraum von vier Jahren wurde als „Olympiade“ bezeichnet. Die erste Olympiade fand im Jahr 776 v. Chr. statt.
- Der ursprüngliche römische Kalender war ein Mond-Kalender und hatte 355 Tage. Er begann im März, und die Römer bezogen sich auf das Datum der legendären Gründung ihrer Stadt durch Romulus im Jahr 753 v. Chr. Diese Datierung wurde allerdings erst über drei Jahrhunderte später systematisch benutzt. Bis dahin datierten die Römer nach den Amtszeiten ihrer Regierungschefs, der jeweils regierenden Konsuln.
- Im Buddhismus orientiert man die Zeitrechnung traditionell am Todestag des Buddhas Siddhartha Gautama 544 v. Chr., obwohl dieses Datum inzwischen angezweifelt wird.
- Die islamische Zeitrechnung beginnt mit dem Jahr 622 n. Chr., dem Jahr, als Mohammed nach Medina flüchtete. Allerdings richtet sich dieser Kalender nach dem Mond, weshalb ein Jahr nach islamischer Rechnung etwa nur 354 Tage hat. Die Umrechnung der beiden Datierungsweisen ist daher recht kompliziert. Unter *http://www.oriold.uzh.ch/static/hegira.html* findest du aber eine „Umdatierungsmaschine“. Der iranische Kalender, der seit 1979 in Kraft ist, beginnt zwar ebenfalls mit dem Jahr 622 n. Chr., basiert aber auf dem Sonnenjahr.
- Von 1873 bis zum Ende des Zweiten Weltkriegs datierten die Japaner nach der Krönung ihres ersten legendären Königs im Jahr 660 v. Chr.

Weiterführende Informationen findest du unter *http://de.wikipedia.org/wiki/Liste_der_Kalendersysteme.*

© 2009 Cornelsen Verlag, Berlin. Alle Rechte vorbehalten.

Arbeitsaufträge:

1 Erkläre, weshalb M1 drei verschiedene Datumsangaben enthält.

2 Zeichne eine Zeitleiste von 4000 v. Chr. bis 2100 n. Chr., in der 1 mm 10 Jahren entspricht. Trage zuerst das Jahr „0“ ein, das es nach unserer Zeitrechnung eigentlich nicht gibt. Trage nun den Beginn der verschiedenen Zeitrechnungen ein, die du kennengelernt hast.

3 Rechne – sofern möglich – unser aktuelles Kalenderjahr in die anderen Datierungsweisen um.

M1 Titelkopf der israelischen Zeitung „The Jerusalem Post“

THE JERUSALEM
POST
www.jpost.com
TUESDAY, JULY 22, 2003 • 22 TAMUZ 5763 • 22 JUMADA AL-ULA 1424

Förderbogen 3

Zum erfolgreichen Bearbeiten dieses Förderbogens solltest du noch einmal folgende Seite(n) im Buch aufmerksam lesen: **S. 14–15**

Wir unterscheiden zwischen Quellen (aus einer Zeit) und Sachtexten (über eine Zeit).

Arbeitsauftrag:

Ordne die Begriffe den verschiedenen Quellenarten oder den Sachtexten zu. Lege hierzu eine Tabelle wie unten angedeutet an und trage die Begriffe dort ein.

Lexikon Zeugnis Jugendzeitungen

Mäppchen Waffen Darstellungstext

Plakat Koran

Altar Becher

Verträge

Höhlenmalereien Werbeprospekte Zeichnungen

Internettexte Tagebucheintrag Fotos

Schülerausweis

Volksfest

Spielzeug

Inschriften

Gemälde Briefmarken

Videorecorder

Schuhe

Volkslied

Comic

Lehrbuchtext

Mumien Bibel

Geburtsurkunde

Fernseher

Baseballschläger Schulhefte Fußball

Glas Brief

Zeitung

Videokassetten Grabstein

Märchen

Pyramiden

Thora

Kleidung

Schminke

Schülerzeitung

Textquellen	Bildquellen	Mündliche Quellen	Traditionen	Überreste	Sachtexte

© 2009 Cornelsen Verlag, Berlin. Alle Rechte vorbehalten.

Förderbogen 4

Zum erfolgreichen Bearbeiten dieses Förderbogens solltest du noch einmal folgende Seite(n) im Buch aufmerksam lesen: **S. 23**

Lehrbuchtexte gehören zu den Sachtexten (Texte über eine Zeit). Sie werden von den Autorinnen und Autoren des Schülerbuchs geschrieben. Die Methode „Einen Lehrbuchtext erschließen“ hilft dir, diese Texte besser zu verstehen.

Arbeitsauftrag:

Erschließe den Darstellungstext nach der Methode „Einen Lehrbuchtext erschließen“.

M1 Archäologen auf der Spur des Urmenschen

Archäologen träumen davon, einmal das vollständige Skelett eines Millionen Jahre alten Menschen zu finden. Doch was wie ein spannendes Abenteuer aussieht, ist harte Arbeit. Denn bei manchen Grabungsexpeditionen müssen die Wissenschaftlerinnen und Wissenschaftler auf die Annehmlichkeiten eines bequemen Lebens verzichten: Weit entfernt von einem gut ausgestatteten Labor suchen sie nach Überresten. Sie sind immer bestrebt, eine Antwort auf die Frage zu finden: Wie sind die Menschen zu dem geworden, was sie heute sind? Die Archäologen Richard und Meave Leakey hatten Glück. 1984 machten sie in Kenia einen aufsehenerregenden Fund: die Überreste eines männlichen Urmenschen, der als „Junge vom Turkanasee“ bekannt geworden ist.

1987 gab es eine andere Meldung in den Medien: „Eva war Afrikanerin“. Archäologen hatten in Ostafrika weibliche Knochenreste entdeckt und herausgefunden: Nicht nur der Ur-, auch der Jetztzeitmensch (= Homo sapiens sapiens) stammt aus dem warmen Klima Afrikas. Er hatte sich dort vor 150 000 Jahren entwickelt und in der Welt ausgebreitet. Diese Vermutung (= Hypothese) wird „Out-of-Africa“-Hypothese genannt.

(Verfassertext)

1. Schritt: Thema des Textes

a) ______________________________

____

b) ______________________________

2. Schritt: Aufbau des Textes

c) Abschnitte im Text markieren.

d) ______________________________

____

____

3. Schritt: Inhalt des Textes

e) ______________________________

____

____

f) ______________________________

____

____

g) ______________________________

____

h) ______________________________

____

4. Schritt: Inhalt zusammenfassen

i) ______________________________

____

© 2009 Cornelsen Verlag, Berlin. Alle Rechte vorbehalten.

Älteste Spuren der Menschen

1 Nenne und erläutere drei andere Zeitrechnungen als die christliche Zeitrechnung.

2 Ordne die folgenden Begriffe den verschiedenen Quellenarten zu:

Begriff	**Quellenart**
a) Tagebucheintrag	
b) Legende	
c) Fußballschuh	
d) Gedenktafel	
e) Klassenbuch	
f) Digitalfoto	
g) Radiointerview	
h) Klassenarbeit	
i) Weihnachtsfeier	

© 2009 Cornelsen Verlag, Berlin. Alle Rechte vorbehalten.

3 Nenne die verschiedenen Menschenarten und datiere ihr Auftreten auf der Erde.

4 Nimm begründet Stellung zu der Behauptung, dass die „Wiege der Menschheit" in Afrika liegt.

Förderbogen 1:

1 Wasseruhr – Sonnenuhr – Sanduhr – Kerzenuhr – Pendeluhr – Weltzeituhr – Analoge Stoppuhr – Atomuhr. Vermutlich werden die Menschen zuerst mithilfe einer Wasseruhr die Zeit gemessen haben.

2 Mit den Wasseruhren, Sanduhren und Kerzenuhren kann im Prinzip nur eine Zeitdauer gemessen, nicht aber die Uhrzeit angegeben werden. Das ist zwar auch bei der Stoppuhr der Fall, doch zeigt diese sogar Bruchteile von Sekunden an. Auch Sonnenuhren sind relativ ungenau – und funktionieren auch nur bei einigermaßen schönem Wetter.

Förderbogen 2:

1 Die Zeitung erscheint – wie ihr Name schon zeigt – in Jerusalem. In dieser Stadt bzw. im Einzugsgebiet leben Christen, Juden und Muslime. Dass die Zeitung alle drei Datumsangeben parallel verwendet, deutet darauf hin, dass sie die Angehörigen aller drei Religionen erreichen möchte.

2 Achtung: Die abgebildete Musterlösung ist aus Platzgründen mit einem kleineren Maßstab gezeichnet.
Für den Maßstab 1 mm = 10 Jahre nimm ein kariertes Blatt Papier quer und plane für 100 Jahre 1 cm ein (= 2 Kästchen).

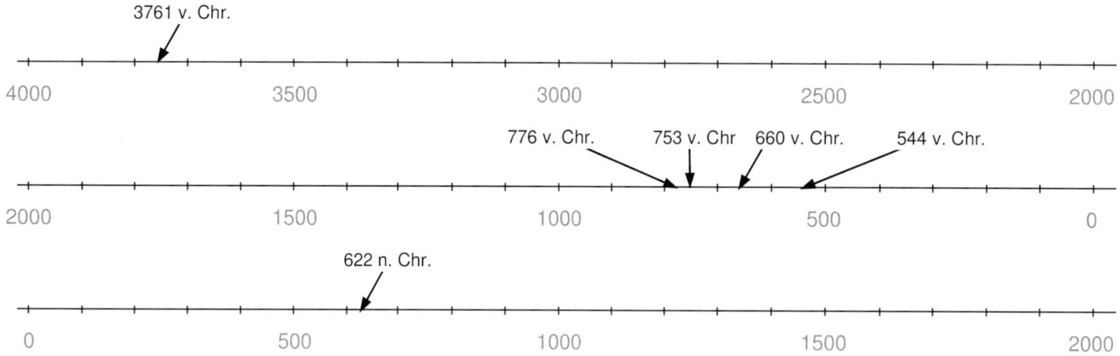

3

	jüdischer Kalender	griechischer Kalender	römischer Kalender	japanischer Kalender	buddhistischer Kalender	muslimischer Kalender
2008	5768/5769	2784	2761	2668	2552	1428–1430
2009	5769/5770	2785	2762	2669	2553	1430/1431
2010	5770/5771	2786	2763	2670	2554	1431/1432

Förderbogen 3:

Textquellen	Bildquellen	Mündliche Quellen	Traditionen	Überreste	Sachtexte
Brief	Fotos	Märchen	Volksfest	Altar	Darstellungstext
Grabstein	Briefmarken		Volkslied	Baseballschläger	Internettexte
Bibel	Comic			Becher	Schülerzeitung
Geburtsurkunde	Gemälde			Bilderbuch	Lehrbuchtext
Inschriften	Höhlenmalereien			Briefmarken	Zeitung
Internettexte	Jugendzeitungen			Fernseher	
Jugendzeitungen	Plakat			Fußball	
Koran	Schülerzeitung			Glas	
Lexikon	Videokassetten			Grabstein	
Märchen	Werbeprospekte			Kleidung	
Plakat	Zeichnungen			Mäppchen	
Schülerausweis	Zeitung			Mumien	
Schülerzeitung				Pyramiden	
Schulhefte				Schminke	
Tagebucheintrag				Schuhe	
Thora				Spielzeug	
Verträge				Videorecorder	
Zeitung				Waffen	
Zeugnis					

© 2009 Cornelsen Verlag, Berlin. Alle Rechte vorbehalten.

Förderbogen 4:

1. Schritt: Thema des Textes:

a) Der Text berichtet über Entdeckungen der Archäologen aus den 1980er-Jahren.
b) „Out-of-Africa"-Hypothese scheint bewiesen zu sein.

2. Schritt: Aufbau des Textes

c) Nach einleitenden Bemerkungen über die Arbeit von Archäologen (Z. 2–12) werden zwei Funde genannt (Z. 12–19). Abschließend wird ein Fazit gezogen (Z. 20–24).
d) Z. 2–12: Archäologie ist manchmal „Knochenarbeit".
Z. 12–19: Zwei spektakuläre Funde: Urmensch und Jetztzeitmensch
Z. 20–24: Folgerung aus den Funden

3. Schritt: Inhalt des Textes

f) Schlüsselwörter: vollständige(s) Skelett, Richard und Meave Leakey, Kenia, Junge vom Turkanasee (1984), in Ostafrika weibliche Knochenreste (1987), „Out-of-Africa"-Hypothese
g) Nicht nur der Urmensch, sondern auch der Homo sapiens sapiens stammt aus dem warmen Klima Afrikas.
h) Einzelinformationen zur Arbeit von Archäologen, Datum und Fundorte der Skelette

4. Schritt: Inhalt zusammenfassen

i) Aufgrund zweier Funde in Afrika, 1984 und 1987, gehen Archäologen davon aus, dass nicht nur der Urmensch, sondern auch der Homo sapiens sapiens aus dem warmen Klima Afrikas stammt.

Lernerfolg:

1 Siehe Auflistung auf Förderbogen 2.

2

Begriff	Quellenart
a) Tagebucheintrag	Textquelle
b) Legende	Tradition
c) Fußballschuh	Überrest
d) Gedenktafel	Textquelle, Überrest
e) Klassenbuch	Textquelle
f) Digitalfoto	Bildquelle
g) Radiointerview	Mündliche Quelle
h) Klassenarbeit	Textquelle
i) Weihnachtsfeier	Tradition

3 Vormensch (Australopithecus): vor 4,5 bis 1 Million Jahren in Afrika
Frühmensch (Homo habilis): vor 2,5 bis 1,5 Millionen Jahren in Afrika
Urmensch (Homo erectus): vor 2 Millionen bis 40 000 Jahren in Afrika
Neandertaler (Homo sapiens neanderthalensis): vor 130 000 bis 30 000 Jahren in Europa
Jetztzeitmensch (Homo sapiens sapiens): seit etwa vor 150 000 bis 100 000 Jahren in Afrika; in Europa seit 40 000 Jahren

4 Individuelle Lösung, die aber folgende Fakten berücksichtigen sollte:

- Mit Ausnahme des Neandertalers entwickelten sich alle Menschenarten (zuerst) in Afrika.
- Alle anderen Menschenarten in anderen Erdteilen stammten von den Vorformen der Afrikaner ab, die auf dem Land- und Wasserweg aus Afrika auswanderten.

© 2009 Cornelsen Verlag, Berlin. Alle Rechte vorbehalten.

1. Frühe Kulturen

1.2 Altsteinzeit und Neolithische Revolution

Ich kann, weiß, verstehe ...	Sehr sicher	Sicher	Unsicher	Sehr unsicher	Hilfen finde ich hier:
1 Ich kann folgende Epochen der Menschheitsgeschichte datieren und erklären: **a)** Altsteinzeit					S. 27
b) Jungsteinzeit					S. 36–38
c) Metallzeit					S. 44–45
2 Ich kann beschreiben, wie die Menschen der Altsteinzeit lebten.					S. 28–33 Förderbogen 1
3 Ich kann die technischen Leistungen der Menschen der Altsteinzeit beurteilen.					S. 28–31 Förderbogen 2
4 Ich kann die kulturellen Leistungen der Menschen der Altsteinzeit beurteilen.					S. 32–34 Förderbogen 3
5 Ich kann beschreiben, wie die Menschen der Jungsteinzeit lebten.					S. 36–39 Förderbogen 4
6 **a)** Ich kann den Begriff „Neolithische Revolution“ erklären und					S. 38–39
b) kenne Zentren der Neolithischen Revolution.					S. 38
7 Ich kann die technischen Leistungen der Menschen der Jungsteinzeit beurteilen.					S. 38–39 Förderbogen 5
8 Ich kann die kulturellen Leistungen der Menschen der Jungsteinzeit beurteilen.					S. 40–41
9 Ich kann Unterschiede in der Lebensweise der Menschen in der Altsteinzeit und der Jungsteinzeit benennen.					S. 48–49 Förderbogen 6
10 Ich kann beschreiben, wie die Menschen der Metallzeit lebten.					S. 44–45
11 Ich kann erklären, wie der technische Fortschritt durch die Verwendung von Metallen **a)** das alltägliche Leben der Menschen und					S. 44–45
b) die Gesellschaft nach etwa 1800 v. Chr. veränderte.					
12 Ich kenne die Siedlungsgebiete der Kelten.					S. 44
13 Ich weiß, wie ich in einer Bibliothek an Informationen gelange.					S. 35
14 Ich kann mit meinen Mitschülerinnen und Mitschülern ein Rollenspiel gestalten.					S. 42–43

© 2009 Cornelsen Verlag, Berlin. Alle Rechte vorbehalten.

Förderbogen 1

Zum erfolgreichen Bearbeiten dieses Förderbogens solltest du noch einmal folgende Seite(n) im Buch aufmerksam lesen: **S. 28–33**

Als sich am Ende der letzten Eiszeit die Gletscher aus dem mittleren Europa – dem heutigen Belgien, Nordfrankreich und Deutschland – nach Skandinavien zurückzogen, wanderten Menschen in diese Gebiete ein. Da die Jäger und Sammlerinnen besonders von Rentieren lebten, wird diese Epoche, die Zeit vor 15 000 bis 11 500 Jahren, auch als das Zeitalter des Rentiers bezeichnet. Erkenntnisse über die Lebensweise der Menschen gewannen Forscherinnen und Forscher aus vielen Überresten von Winterlagern, die im Raum Schleswig-Holstein entdeckt wurden. Diese Funde deuten darauf hin, dass die Menschen in Zelten aus Holzstangen, Rentierfellen und Lederriemen wohnten. Für die Jagd benutzten sie Harpunen aus Rentiergeweih, Leder und Holz.

Arbeitsaufträge:

1 a) Erläutere mithilfe der Abbildung, wie die Menschen in der Steinzeit ihre Jagdbeute zur Existenzsicherung verwendeten.

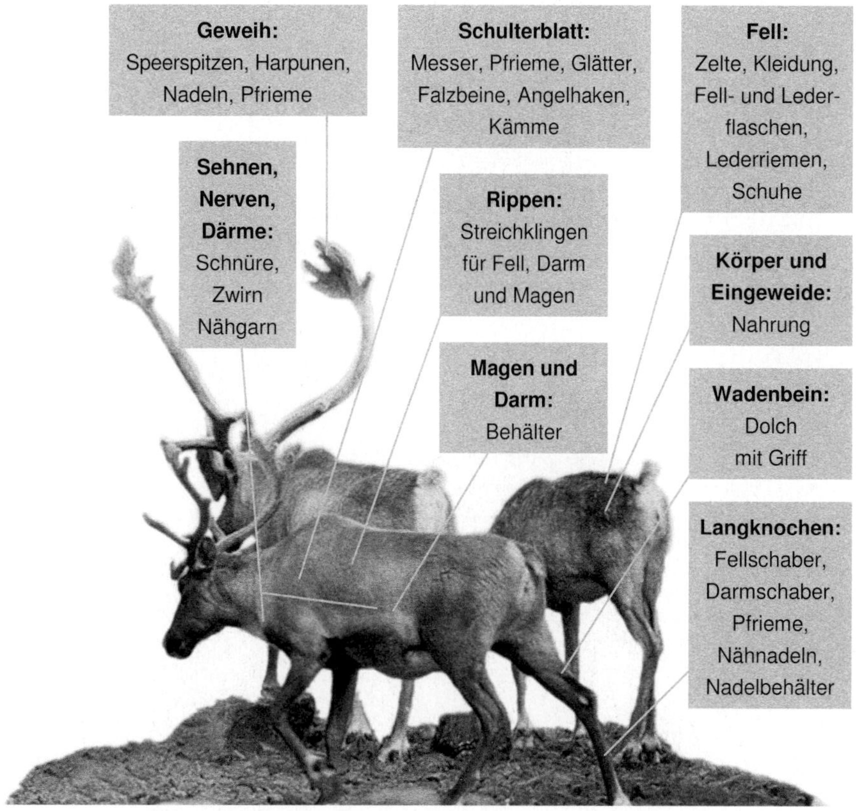

b) Ordne die Teile nach ihren Verwendungszwecken.

Wohnung	
Kleidung	
Ernährung	
Werkzeuge	
Jagdgeräte	
Körperpflege	

2 Erkläre, welche Fähigkeiten die Menschen in der Altsteinzeit für die gemeinsame Jagd brauchten.

© 2009 Cornelsen Verlag, Berlin. Alle Rechte vorbehalten.

Förderbogen 2

Zum erfolgreichen Bearbeiten dieses Förderbogens solltest du noch einmal folgende Seite(n) im Buch aufmerksam lesen: **S. 28–31**

Arbeitsaufträge:

1 Trage in die Tabelle Namen und Verwendung der Werkzeuge ein.

2 Nenne zu jedem Steinzeitwerkzeug ein ähnliches modernes Werkzeug.

3 Erkläre, weshalb sich vor allem Werkzeug aus Stein und Knochen erhalten hat.

M1 Werkzeuge der Steinzeit

1
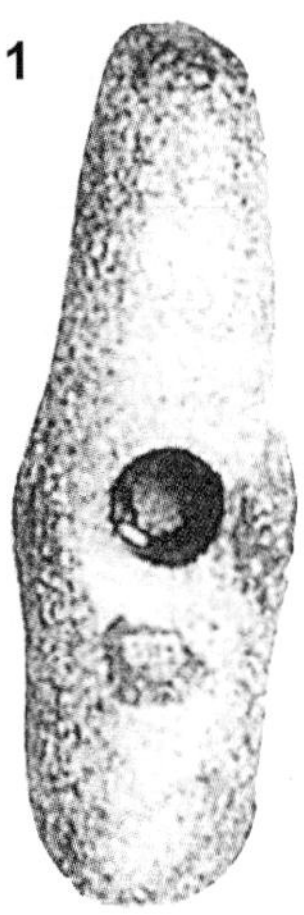
2

3

4
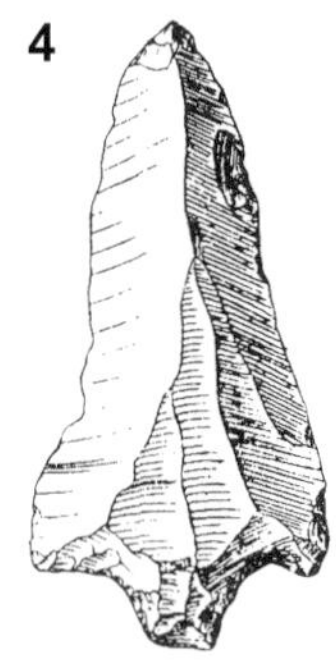
5

6

7

Nr.	Name	Verwendung	Modernes Werkzeug
1			
2			
3			
4			
5			
6			
7			

© 2009 Cornelsen Verlag, Berlin. Alle Rechte vorbehalten.

Förderbogen 3

Zum erfolgreichen Bearbeiten dieses Förderbogens solltest du noch einmal folgende Seite(n) im Buch aufmerksam lesen: **S. 32–34**

M1 Felsmalerei in der Höhle von Lascaux, Frankreich, um 15 000 v. Chr.

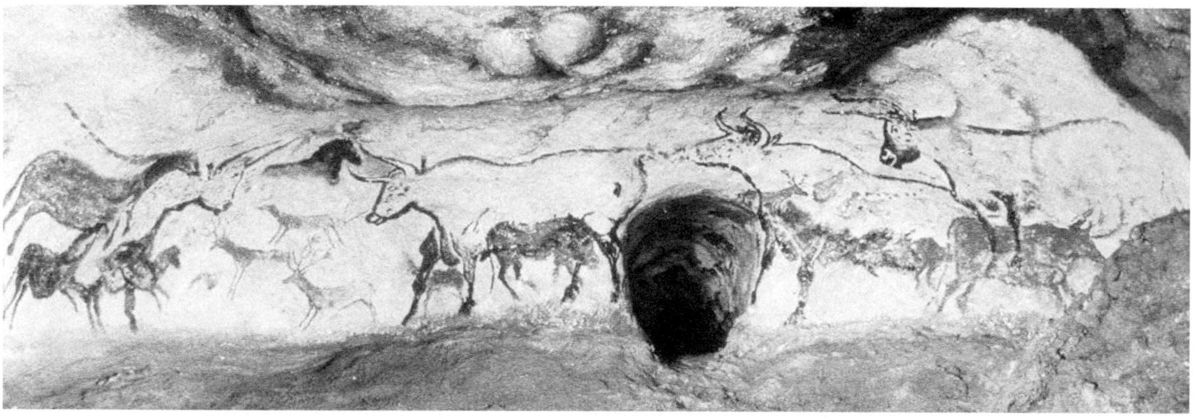

M2 Mit Jeans in die Steinzeit

Ein Schriftsteller erzählt:

Die dreizehnjährige Isabelle verbringt ihre Ferien bei Verwandten in Südfrankreich. Bei einem Ausflug findet sie zusammen mit ihren Vettern und ihrer Cousine den Eingang zu einer eiszeitlichen Höhle. In der Höhle entdecken sie wunderschöne, 20 000 Jahre alte Höhlenbilder. „Das ist ein Mammut. Könnt ihr erkennen, wodurch es sich von den heutigen Elefanten schon auf den ersten Blick unterscheidet? Es hat lange, zottelige Haare, die bis hinunter zum Boden reichen, ein richtiges Fell. Sonst wäre es ja wohl auch in der Eiszeit erfroren ..." „Suzanne, guck mal hier das Pferd", rief Isabelle, „siehst du, wie es lacht?" In der Tat verzog das Wildpferd, das Regis als solches sofort an der stehenden Mähne und den dunkler gezeichneten Beinen sowie an seinem verhältnismäßig kleinen Kopf erkannt hatte, etwas seine Nüstern, und das wirkte in dem unruhigen Kerzenlicht wie ein hämisches Grinsen ... Sie kletterten über Steine und Geröll hinweg zur anderen Seite der Felsenkammer. Auch das Nashorn, das hier zu sehen war, war genau wie Mammut und Wildpferd nur in etwa halber Lebensgröße dargestellt und wirkte ebenso lebendig, obwohl der Maler nur schwarze, gelbbraune und rote Farbe benutzt hatte. „Das hat ja auch ein Fell." Suzanne deutete auf die vielen langen, dunklen Striche am Bauch des Tieres ...

„Und das da?" Isabelle deutete auf ein Tier mit zwei langen, nach rückwärts gebogenen Hörnern. „Wahrscheinlich ein Steinbock." Regis fuhr die Umrisse des einen Hinterbeins vorsichtig mit dem Zeigefinger nach ... „Die haben sich zum Malen Stellen ausgesucht, wo Felsvorsprünge oder härtere, heraussstehende Adern im Stein irgendeinem Körperteil ähnlich sehen. Hier zum Beispiel hat der Maler Schenkel, Ferse und den einen Huf auf so einen Vorsprung gemalt. Dadurch wirkt alles noch viel echter. Sozusagen Malerei und Reliefdarstellung in einem!" „Hier ist noch ein Bison, ein ganzer, nicht nur der Kopf." Isabelle hatte während des kleinen Streites zwischen den beiden die Wand noch weiter abgeleuchtet. Das Tier war im Lauf dargestellt oder besser gesagt: wie es anscheinend mitten in der eiligen Flucht plötzlich seine beiden Vorderhufe gegen den Erdboden stemmte und anhielt, als sei es auf der Stelle festgebannt. „Das war es auch", meinte Philippe und hielt seine Kerze etwas näher an das prachtvolle Gemälde. „Guck mal, ein Pfeil – mit der Spitze gerade in der Schulter!" „Dann ist das ja eine richtige Jagderzählung", wunderte sich Suzanne, „nur nicht mit Worten, sondern gemalt."

Zit. n. Wolfgang Kuhn, Mit Jeans in die Steinzeit, München (dtv) 1995, S. 68–73.

Arbeitsaufträge:

1 Liste auf, welche Tiere die Freunde entdeckt haben, und notiere deren wichtigste Merkmale.

2 Erkläre, weshalb die Menschen der Altsteinzeit derartige Zeichnungen in Höhlen anbrachten.

© 2009 Cornelsen Verlag, Berlin. Alle Rechte vorbehalten.

Förderbogen 4

Zum erfolgreichen Bearbeiten dieses Förderbogens solltest du noch einmal folgende Seite(n) im Buch aufmerksam lesen: **S. 36–39**

Arbeitsaufträge:

1 Bäuerinnen und Bauern leben ganz anders als die Jäger und Sammlerinnen. Wie es zu der neuen Lebensweise kam, sagt dir der Lückentext.

a) Setze die folgenden Wörter an der richtigen Stelle ein und

b) gib dem Text eine Überschrift.

Bauern – Eiszeit – Erdgruben – Hirten – Jäger – Jagd – Körner – Nomaden – Pflanzen – Samen – Sammlerinnen – sesshaft – Vorräte – wärmer – Wildgetreide – zu zähmen – züchten

____

Nach der letzten ____________ wurde das Klima viel ____________. Jetzt wuchs mehr ________________, als die Menschen verbrauchen konnten. Deshalb legten sie ______________ an, die sie in ________________ aufbewahrten. Die ________________ und ____________ waren gute Naturbeobachter. Sie entdeckten, dass nur an den Stellen ________________ wuchsen, auf die vorher ________________ gefallen waren. Eines Tages streuten sie selbst ______________ aus. Die Getreidepflanzer wurden ________________ und gaben ihr Leben als ________________ auf.

Die Menschen begannen Schafe und Ziegen, Schweine und Rinder zu ______________ und zu ________________. So waren sie nicht mehr auf die ____________ angewiesen. Aus Sammlerinnen und Jägern wurden ________________ und ______________.

2 Wie es in den Häusern der Jungsteinzeit aussah, veranschaulicht der folgende Text.

Im Innern eines jungsteinzeitlichen Hauses war es recht dunkel. In den Wänden gab es nur kleine Löcher, die bei Regen oder Kälte zugestopft wurden **(a)**. Der Boden bestand aus festgestampfter Erde **(b)**. An Möbeln gab es nur einen langen Tisch, Bänke und Holzkisten **(c)**. Einige Steine auf dem Boden bildeten die Herdstelle. Dort wurde gekocht **(d)**. Das Feuer spendete außerdem Wärme **(e)** und Licht **(f)**. Geschlafen wurde auf Holzbänken **(g)**. Wer seine Notdurft verrichten musste, ging nach draußen **(h)**. Wasser schöpfte man aus dem Dorfbrunnen oder holte es sich von einem nahe gelegenen Gewässer.

Schreibe zu den mit Buchstaben bezeichneten Textstellen, wie wir heute wohnen.

a) ______________________________ e) ______________________________

b) ______________________________ f) ______________________________

c) ______________________________ g) ______________________________

d) ______________________________ h) ______________________________

© 2009 Cornelsen Verlag, Berlin. Alle Rechte vorbehalten.

Förderbogen 5

Zum erfolgreichen Bearbeiten dieses Förderbogens solltest du noch einmal folgende Seite(n) im Buch aufmerksam lesen: **S. 38–39**

M1 Neue Techniken und Geräte in der Jungsteinzeit, Rekonstruktionszeichnung 1999

© 2009 Cornelsen Verlag, Berlin. Alle Rechte vorbehalten.

Arbeitsaufträge:

1 Welche Geräte sind auf dem Bild dargestellt?

2 Erläutere, wie der Bohrer funktionierte.

3 Stelle Vermutungen an, zu welchen Zwecken der Wagen eingesetzt werden konnte.

4 Nenne Gründe, warum Tontöpfe eine Errungenschaft für die Aufbewahrung von Lebensmitteln bedeuten.

5 Der Umgang mit neuen Geräten wie dem Webstuhl erfordert bestimmte Fertigkeiten. Erkläre, warum es in der Jungsteinzeit zur Arbeitsteilung und zur Entstehung von Berufen kam.

6 Erläutere, warum der Ackerbau das Leben der Menschen in der Jungsteinzeit „revolutionierte", also radikal veränderte.

Förderbogen 6

Zum erfolgreichen Bearbeiten dieses Förderbogens solltest du noch einmal folgende Seite(n) im Buch aufmerksam lesen: **S. 48–49**

Arbeitsaufträge:

1 Du hast verschiedene Lebensbereiche der Menschen in der Altsteinzeit und der Menschen in der Jungsteinzeit kennengelernt. Beantworte in Stichworten die Fragen in der Tabelle.

	Altsteinzeit	**Jungsteinzeit**
Wie wohnten die Menschen?		
Womit und wie kleideten sich die Menschen?		
Was aßen die Menschen und wie beschafften sie ihre Nahrung?		
Welche Werkzeuge und Waffen kannten und benutzten die Menschen?		
Wie bewahrten sie Lebensmittel auf?		
Wie griffen die Menschen in die Natur ein?		

2 Nenne Gemeinsamkeiten und Unterschiede der Menschen der Jungsteinzeit und der Menschen älterer Epochen.

© 2009 Cornelsen Verlag, Berlin. Alle Rechte vorbehalten.

Altsteinzeit und Neolithische Revolution

1 Entwirf eine „Speisekarte" eines Menschen aus der Altsteinzeit. Denke dabei auch an die Beschaffung der Nahrung und ihre Zubereitung. Achte auf die Jahreszeit.

2 Ordne die folgenden Begriffe der jeweiligen Epoche zu. Aber Vorsicht: Manche Begriffe lassen sich gar nicht zuordnen, manche passen in beide Epochen!

Brunnen – Hacke – Holzwerkzeug – Viehzucht – Bestattung – Steinbohrer – Schwert – Schilfhütten – Faustkeil – Getreideanbau – Mammut – Urlaub – Holzkarren – Wohnhaus – Haustier – König – Spaten – Tonkrug – Feuersteinmesser – gewebte Kleidung – Holzpflug – Speer – Steinwerkzeug – Seife – Knochenwerkzeug

Altsteinzeit	**Jungsteinzeit**

© 2009 Cornelsen Verlag, Berlin. Alle Rechte vorbehalten.

3 Verrückte Zeiten: Auf dem Bild siehst du ein jungsteinzeitliches Dorf. Leider sind dem Zeichner einige Fehler unterlaufen.

a) Suche die 15 Gegenstände, die in der Jungsteinzeit nichts verloren haben. Kreise sie ein und schreibe sie auf.

b) Wähle zwei Gegenstände aus und begründe, warum diese nicht in die Jungsteinzeit passen.

4 Beziehe begründet Stellung zu der Behauptung, dass die Menschen der Jungsteinzeit weniger von der Natur abhängig waren als die Jäger und Sammler der Altsteinzeit.

Förderbogen 1:

1 **a)** Die Menschen der Steinzeit nutzten ihre Jagdbeute nicht nur als Nahrung, sondern verwerteten zahlreiche Körperteile beispielsweise als Werkzeug, Kleidung, Waffe bzw. Jagdgeräte.

b) Teile des Rentiers wurden verwendet als ...

Wohnung	Fell
Kleidung	Fell, Sehnen und Nerven
Ernährung	Körper und Eingeweide
Werkzeuge	Geweih, Schulterblatt, Langknochen, Magen und Darm, Rippen, Sehnen und Nerven
Jagdgeräte	Geweih, Schulterblatt, Wadenbein, Langknochen
Körperpflege	Schulterblatt

2 Sie mussten miteinander kommunizieren, d.h. reden können, um sich abzusprechen und Strategien zu vereinbaren.

Förderbogen 2:

1+2

Nr.	Name	Verwendung	Modernes Werkzeug
1	Hammerkopf	Herstellung von Werkzeugen beim Bau der Unterkünfte etc.	Metallhammer
2	Faustkeil	Universalwerkzeug zum Schneiden, Schaben, Schlagen; Werkzeugherstellung, Nahrungsmittelzubereitung	Messer, Hammer, Schaber
3	Messerklinge	Schneiden von Fellen, Sehnen, Pflanzen, Fleisch	Messer
4	Speerspitze	Jagd	Gewehr
5	Sägeblatt oder Harpunenspitze	Sägen von Holz, Werkzeugherstellung, Bau von Unterkünften	Motorsäge
6	Ahle	Durchstechen von Fellen/Leder, Kleidungsherstellung	Lochzange, Nadel
7	Steinbeil	Zerhacken und Spalten von Holz	Axt, Hammer

3 Die anderen Werkzeuge z. B. aus Teilresten waren nicht haltbar genug und nach mehreren tausend Jahren verwest oder verrottet.

© 2009 Cornelsen Verlag, Berlin. Alle Rechte vorbehalten.

Förderbogen 3:

1 a) Mammut: lange, zottelige Haare
b) Wildpferd: stehende Mähne, verhältnismäßig kleiner Kopf
c) Nashorn: Fell
d) Steinbock: Hufe
e) Bison: Hufe

2 Auf diese Frage gibt es keine eindeutige Antwort. Es ist möglich, dass die Bilder Glück bei der Jagd bringen oder dass Schutzgeister angerufen werden sollten. Hierfür spricht, dass die Höhlenmalereien oft an Stellen angebracht wurden, die eine gute Akustik besitzen oder sich als Versammlungsstätte eignen.

Förderbogen 4:

1 Die Wörter müssen in folgender Reihenfolge eingesetzt werden: Eiszeit – wärmer – Wildgetreide – Vorräte – Erdgruben – Sammlerinnen – Jäger – Pflanzen – Samen – Körner – sesshaft – Nomaden – züchten – zähmen – Jagd – Bauern – Hirten.

2 a) große Glasfenster zum Öffnen und Schließen; b) isolierter Beton- oder Holzboden, der mit Teppich/Fliesen o. Ä. belegt ist; c) sehr viele verschiedene Möbel; d) Elektro- oder Gasherd mit Kochplatten und Ofen; e) Heizung; f) elektrische Lampen; g) warme, weiche Betten; h) Wassertoiletten mit Spülung im Haus

Förderbogen 5:

1 Webstuhl, Holzpflug, Holzkarren, Steinbohrer, Axt, Hammer, Körbe, Krug.

2 Durch den Bogen mit dem Seil wird der senkrecht stehende Bohrer sehr schnell gedreht. Seine Reibung bohrt schließlich ein Loch in den unten fixierten Stein. Für den notwendigen Druck sorgt das Steingewicht auf dem oberen Querbalken.

3 Ähnlich wie heute konnte man damit schwere und große Lasten mithilfe von Zugvieh transportieren.

4 Für die damalige Zeit konnte man Lebensmittel in Tontöpfen vor Ungeziefer und Tieren sicher verschließen und sie ließen sich verhältnismäßig gut reinigen. Bei wärmeren Temperaturen kühlt ein angefeuchtetes Tongefäß außerdem, sodass sich Lebensmittel insgesamt länger halten.

5 Am Beispiel des Webstuhls lässt sich gut nachvollziehen, dass diese komplizierte Technik nicht mehr von allen Menschen einer Gemeinschaft beherrscht wurde. Es hat sich als sinnvoll erwiesen, dass sich einzelne Personen, die über besondere Fertigkeiten verfügten, auf bestimmte Bereiche spezialisierten. Dafür mussten wieder andere sich beispielsweise auf die Nahrungsbeschaffung oder das Anfertigen von Werkzeug spezialisieren, damit die Gemeinschaft überlebte.

6 Die Menschen waren nicht mehr wie früher auf das Jagdglück angewiesen und mussten ihrer Beute hinterherziehen, sondern konnten an einem Ort sesshaft werden. Der Ackerbau bedingte aber, dass die Menschen vorausschauend planten, d. h. sie mussten säen und das Land bearbeiten, um später ernten zu können. Durch die feste Siedlungsform konnten sich die Menschen einfache Haustiere zur Nahrungsergänzung halten.

Förderbogen 6:

1

	Altsteinzeit	Jungsteinzeit
Wie wohnten die Menschen?	In kleinen Horden in Zelten und Hütten aus Stangen, Ästen und Fellen bzw. in Höhlen und Felsvorsprüngen.	In Dorfgemeinschaften in Häusern, die aus Holz, Lehm u. Ä. errichtet waren.
Womit und wie kleideten sich die Menschen?	Kleidung und Schuhe aus Fellen und Leder, genäht mit Sehnen.	Sicherlich auch noch mit Fellen und Leder, aber sie kannten auch schon gewebte Stoffe.
Was aßen die Menschen und wie beschafften sie ihre Nahrung?	Alles, was sie jagen und sammeln konnten: Pflanzen, Früchte, Samen, Wurzeln, Pilze, Honig, Eier, Fleisch, Fisch und Weichtiere.	Jagdbeute und Gesammeltes ergänzte den Speiseplan, der aus den Produkten bestand, die durch Ackerbau und Viehzucht zur Verfügung standen.
Welche Werkzeuge und Waffen kannten und benutzten die Menschen?	Faustkeile zu verschiedener Verwendung, Speere und Lanzen, kleine Messer als Feuerstein, Bohrer, Pfeil und Bogen, Harpunen.	Webstuhl, Holzpflug, Holzkarren, Steinbohrer, Axt, Hammer, Körbe, Krüge, Hacken, Spaten, Sicheln, …
Wie bewahrten sie Lebensmittel auf?	Wenn überhaupt, dann in Lederbeuteln, was aber nur für kurze Zeit möglich war.	In Tonkrügen.
Wie griffen die Menschen in die Natur ein?	Kaum. Sie passten sich größtenteils den Gegebenheiten der Natur an bzw. waren auf der Suche nach günstigen Jagdrevieren.	Durch ihre Dörfer und den Ackerbau sowie die Viehzucht rodeten die Menschen Wälder. Sie waren zwar noch immer von der Natur abhängig, veränderten sie aber zunehmend.

2 Der Hauptunterschied bestand in der Siedlungsform: Aus Jägern und Sammlern waren Hirten und Bauern geworden. Gemeinsam war den Menschen, dass sie nach wie vor von der Natur abhängig waren, auch wenn die Menschen der Jungsteinzeit durch ihre Vorratshaltung und Viehzucht besser vorsorgen konnten.

© 2009 Cornelsen Verlag, Berlin. Alle Rechte vorbehalten.

Lernerfolg

1 Im Winter sieht es eher schlecht aus: Unter der Schneedecke können Kräuter und Wurzeln gefunden werden, und mit Glück erlegt man ein Rentier, das sich wegen der kalten Temperaturen wenigstens ein wenig länger als im Sommer hält.
In den wärmeren Jahreszeiten stehen außer den Kräutern und Wurzeln Beeren, Nüsse, Pilze und Kleintiere auf dem Speiseplan. Ein Rentier zu erwischen, ist noch immer ein Glücksfall, und man muss es schnell verzehren, bevor das Fleisch verdirbt.

2

Altsteinzeit	Jungsteinzeit
Bestattung, Faustkeil, Feuersteinmesser, Holzwerkzeug, Knochenwerkzeug, Mammut, Schilfhütten	Bestattung, Brunnen, Faustkeil, Feuersteinmesser, Getreideanbau, gewebte Kleidung, Hacke, Haustier, Holzkarren, Holzpflug, Holzwerkzeug, Knochenwerkzeug, Spaten, Speer, Steinbohrer, Steinwerkzeug, Tonkrug, Viehzucht, Wohnhaus

3

a) + b)

1 Hochspannungsleitung
2 Hochhaus
3 Traktor
4 Gewehr
5 Antenne
6 Fahrrad
7 T-Shirt
8 Klingelschild
9 Briefkasten
10 Nähmaschine
11 Radio
12 Schraubschlüssel
13 Armbanduhr
14 Außenbordmotor
15 Kettensäge

Die Menschen der Jungsteinzeit verfügten weder über die hierzu notwendig Technik noch über das Material, aus denen die Gegenstände gefertigt sind.

4 Individuelle Lösung, die aber folgende Fakten berücksichtigen sollte:

- Durch den Ackerbau und die Vorratshaltung waren die Menschen nicht mehr allein wie früher auf das Jagdglück oder das Finden von Nahrung angewiesen.
- Trotzdem spielte das Wetter und das Klima eine sehr große Rolle im Alltag der Menschen.

© 2009 Cornelsen Verlag, Berlin. Alle Rechte vorbehalten.

2. Ägypten – eine frühe Hochkultur

Lebenswelt altes Ägypten

	Ich kann, weiß, verstehe …	Sehr sicher	Sicher	Unsicher	Sehr unsicher	Hilfen finde ich hier:
1	Ich kann erläutern, warum Ägypten für viele Touristen ein historisch interessantes Reiseziel ist.					S. 53(–75) Förderbogen 1
2	Ich kann Unterschiede zwischen der Wahrnehmung von Hochwasser bei uns und im alten Ägypten nennen.					Förderbogen 1
3	Ich kann erklären, welche Bedeutung das Nilwasser für Ägypten hat.					S. 54 Förderbogen 1
4	Ich kann beschreiben, wie Landwirtschaft im alten Ägypten funktionierte.					S. 54–59 Förderbogen 1
5	Ich kann die Begriffe **a)** Hierarchie,					S. 56 f. Förderbogen 2
	b) Kooperation und					
	c) Pharao in eigenen Worten erklären.					
6	Ich kann anhand eines Beispiels erklären, wie ein Staatswesen funktioniert und welche Bestandteile ein Staat haben muss.					S. 56 f. Förderbogen 2
7	Ich kann anhand von Abbildungen Informationen über die Lebenswelt der Ägypter gewinnen.					S. 58 f. und 62 f. Förderbögen 1 und 3
8	Ich kann **a)** eine ägyptische Arbeitersiedlung zeichnen und					S. 58 f.
	b) die Lebensverhältnisse ausgehend von heute bewerten.					
9	Ich kann aufzählen und kurz erläutern, was Frauen im alten Ägypten durften.					S. 60 f. Förderbogen 3
10	Ich kann begründet Vermutungen darüber anstellen, warum die Ägypter die Frauen so hoch achteten.					S. 60 f.
11	Ich kann die Stellung der Frauen anhand von Bildquellen charakterisieren.					S. 60–63 Förderbogen 3
12	Ich kann Erklärungen aufführen, mit welchen technischen Mitteln die Ägypter den Pyramidenbau bewerkstelligten.					S. 64 f. Förderbögen 4 und 5
13	Ich kann fragwürdige Ansichten über die Pyramiden nennen und ihnen eine eigene Erklärung gegenüberstellen.					S. 64 f. Förderbogen 4
14	Ich kann anhand der Mumifizierung die Jenseitsvorstellungen der Ägypter erklären.					S. 66 f.
15	Ich kann mehrere ägyptische Gottheiten unterscheiden und kenne deren Aufgaben.					S. 66 f. Förderbogen 6
16	Ich kann im Internet gezielt Fragestellungen recherchieren und gute und weniger vertrauenswürdige Seiten unterscheiden.					S. 68 f. Förderbogen 4
17	Ich kann erläutern, wie die Entzifferung der Hieroglyphen gelang.					S. 70
18	Ich kann die Rolle des Schreibers im alten Ägypten mit heutigen Berufen vergleichen, die mit dem Schreiben zu tun haben.					S. 70–72 Förderbogen 7
19	Ich kann **a)** begründen, warum Ägypten als eine „Hochkultur" zu bezeichnen ist, und					S. 71, 74 f. Förderbogen 7
	b) erklären, welche Auffassung vom Menschen hinter diesem Begriff steckt.					
20	Ich kann erklären, was uns heute an anderen „Hochkulturen" fasziniert.					S. 51, 71, 74 f.

© 2009 Cornelsen Verlag, Berlin. Alle Rechte vorbehalten.

Förderbogen 1

Zum erfolgreichen Bearbeiten dieses Förderbogens solltest du noch einmal folgende Seite(n) im Buch aufmerksam lesen: **S. 52–55, 62–63**

Ägypten ist ein beliebtes Reiseland. Fast alle Reiseveranstalter bieten Reisen nach Ägypten an, meistens an die Strände von Mittelmeer und Rotem Meer, aber auch Ausflüge und Rundreisen. Du hast verschiedene Möglichkeiten, dich über die Ziele zu informieren: Kataloge aus dem Reisebüro, Reiseführer aus der Bibliothek oder Reiseangebote aus dem Internet.

Arbeitsaufträge:

1 Fülle diese Tabelle aus, indem du links diejenigen Sehenswürdigkeiten einträgst, die du dem Namen nach kennst, und dann die neu recherchierten Ziele einträgst.

	Orte und Bauwerke, die ich kenne ...	**Orte und Bauwerke aus Reiseführern:**
1		
2		
3		
4		
5		

2 Heutzutage unternehmen viele Touristen Kreuzfahrten auf dem Nil. Stell dir vor, du würdest auf dem Schiff die Szene auf diesem Bild zu Gesicht bekommen.

a) Nutze das Bild M1 als Quelle, wie es auf S. 62 f. erklärt ist. Schreibe in dein Heft, welche Tätigkeiten du erkennen kannst.

b) Erkläre nun die Zusammenhänge, indem du über das Leben der Menschen am Nil einen Reisebericht schreibst (Tipp: Lies hierfür auch S. 54 und 55 durch).

M1 Bewässerungskanäle entlang des Nils ermöglichen ausgedehnte Landwirtschaft, ägyptische Grabmalerei

3 Bei uns in Europa hat Hochwasser meist katastrophale Folgen wie die Zerstörung von Häusern und Autos, Überschwemmung der Innenstädte. Die Ägypter hingegen sehnten das Nilhochwasser alljährlich herbei. Erkläre diesen Unterschied.

© 2009 Cornelsen Verlag, Berlin. Alle Rechte vorbehalten.

Förderbogen 2

Zum erfolgreichen Bearbeiten dieses Förderbogens solltest du noch einmal folgende Seite(n) im Buch aufmerksam lesen: **S. 56–57**

Die Ägypter konnten die heute bewunderten Bauwerke nur durch eine gute Organisation und einen gelenkten Staat errichten. In einem Spiel könnt ihr ausprobieren, wie eine gute Hierarchie funktioniert.

Rollenspiel: Erst eine Hierarchie bauen, dann die Pyramide

Erster Durchgang:
Immer acht von euch schließen sich in einer Gruppe zusammen. Jeder zieht eine Rollenkarte, deren Aufgabe er nun übernehmen muss. Stellt euch in einer Reihe auf. Der „Pharao" zieht eine Aktionskarte und muss seinem nächsten Ansprechpartner in der Hierarchie (den richtigen müsst ihr jeweils suchen) eine Anweisung geben, die zum Ziel der Aktionskarte führt. Der Angesprochene gibt wiederum dem nächsten in der Gesellschaftspyramide eine sinnvolle Anweisung bzw. einen Auftrag. Eine Person spielt den Priester, der ganz am Schluss sagt, wie der Ablauf funktioniert hat, und der seinen Segen gibt.

Rollenkarten:

Pharao 

Handwerker 

Wesir 

Arbeiter 

Beamter 

Bauern 

Schreiber 

Priester 

© 2009 Cornelsen Verlag, Berlin. Alle Rechte vorbehalten.

Aktionskarten:

Ein Obelisk soll gebaut werden, der an einen Sieg des Pharaos erinnert.

Der Pharao rüstet sich für den Krieg gegen einen Nomadenstamm aus dem Süden.

Ein Kanal für Nilwasser soll durch Ackerland geführt und angelegt werden.

Ein großer Vorratsspeicher soll auf dem Gelände eines Marktes angelegt werden.

Das Stadttor muss zur besseren Verteidigung ausgebessert werden.

Eine Pyramide soll gebaut werden.

Zweiter Durchgang:
Ihr dreht die Reihenfolge um und meldet der jeweils höhergestellten Person, welche Probleme es bei der Umsetzung des Zieles geben könnte. Der Schreiber notiert die Ergebnisse stichpunktartig, der Priester begründet sein Urteil, ob sich die Götter für oder gegen die Aktion entscheiden.

Förderbogen 3

Zum erfolgreichen Bearbeiten dieses Förderbogens solltest du noch einmal folgende Seite(n) im Buch aufmerksam lesen: **S. 60–63**

Ziehe aus einer historischen Abbildung, einer Bildquelle, Informationen, wie es auf S. 62 erklärt ist. Du erfährst etwas über die Stellung der Frauen in der ägyptischen Gesellschaft.

M1 ______________________________

Ägyptische Wandmalerei

© 2009 Cornelsen Verlag, Berlin. Alle Rechte vorbehalten.

Arbeitsaufträge:

1 Beschreibe die Einzelheiten der Wandmalerei (von links nach rechts):

a) Der Tisch mit den Speisen: ______________________________

____

b) Die stehende Frau: ______________________________

____

c) Pärchen 1 (von links): ______________________________

____

d) Pärchen 2: ______________________________

____

e) Pärchen 3: ______________________________

____

f) Pärchen 4: ______________________________

____

2 Erläutere in deinem Heft, in welcher Beziehung die Personen auf dem Bild stehen und was das Bild über das Leben von Frauen im alten Ägypten aussagen kann.

3 Setze aus den folgenden Begriffen eine ausführliche Bildunterschrift zusammen und trage sie oben ein: Damengesellschaft, Villa, 1300 v. Chr., Kegel mit Salbe, Trinkschale, Theben, Fächer.

4 Bei der Person am Bildrand könnte es sich um den Hausherrn handeln. Was spricht dafür?

Förderbogen 4

Zum erfolgreichen Bearbeiten dieses Förderbogens solltest du noch einmal folgende Seite(n) im Buch aufmerksam lesen: **S. 64–65, 68–69**

Jeder hat schon einmal Spekulationen über das „Geheimnis der großen Pyramiden" gehört. Die historischen Bauwerke werden mit allen möglichen Wundern in Verbindung gebracht. Sehr viele Vorstellungen, die wir aus Filmen und Erzählungen kennen, sind historisch falsch. Bilde dir mittels einer Internetrecherche eine eigene Meinung – auf der Basis beweisbarer Argumente.

Arbeitsaufträge:

1 Recherchiere zu folgenden Behauptungen im Internet (gute Suchbegriffe eingeben!) und stelle den Spekulationen Erkenntnisse gegenüber, die man beweisen kann.

Behauptungen	Meine Ergebnisse
Die Pyramiden wurden von Sklaven gebaut, die die Ägypter aus dem Krieg mitbrachten.	
Die Pyramiden wurden von Außerirdischen gebaut und haben für sie eine Funktion.	
In den Pyramiden wurden Fallen wie Feuerwerfer oder rollende Kugeln gegen Plünderer installiert.	
Die Pyramiden wurden mithilfe einer wundersamen Technik aus der Zukunft erbaut.	
Die Pyramiden von Gizeh wurden in Jahrhunderten Bauzeit errichtet.	
Der Entdecker des Grabes von Tutanchamun, Carter, und einige seiner Mitarbeiter wurden durch einen Fluch getötet.	

© 2009 Cornelsen Verlag, Berlin. Alle Rechte vorbehalten.

2 Aus der Luft erkennt man erst, wie geometrisch perfekt die Pyramiden gebaut wurden.

a) Erläutere in deinem Heft die Vorteile eines Vogelblicks auf die Pyramiden.

b) Finde eine Erklärung, wie die Ägypter ohne Flugzeuge den Bau der Pyramiden kontrollieren konnten.

M1 Flug über die ägyptischen Pyramiden, 1994

Förderbogen 5

Zum erfolgreichen Bearbeiten dieses Förderbogens solltest du noch einmal folgende Seite(n) im Buch aufmerksam lesen: **S. 64–65**

Arbeitsaufträge:

1 Eine Aufgabe zum Knobeln: Zeichne die Cheopspyramide maßstabsgetreu im Querschnitt (10 Meter in der Wirklichkeit entsprechen 0,5 Zentimetern in der Zeichnung).

a) Finde mithilfe des Buches heraus, wie breit und hoch die Pyramide ist.

b) Zeichne dann den Sockel ein und stocke bis zur genannten Höhe stufenweise auf. Setze für jede Stufe ein Kästchen an.

c) Zeichne mithilfe von M1 auf S. 65 ein, wo sich die Kammern befunden haben.

d) Was kannst du über die Winkel der Pyramiden aussagen? Bitte deinen Mathematiklehrer oder deine Lehrerin, die geometrischen Besonderheiten der Cheopspyramide zu erklären.

2 Erläutere mithilfe von M1, wie die ägyptischen Arbeiter die Steine der Pyramide ohne Hilfe von Maschinen aufeinanderschichten konnten.

M1 Das Rätsel der Rampen

Wie wurden die tonnenschweren Steinblöcke hoch gebracht? Womöglich mit geraden Rampen (1, 2, 3). Oder mit einer Konstruktion, die direkt zum Zentrum (4) führte – oder um den Bau herum (5, 6). Auch ein angelehnter Rampenbau (7) oder eine Rampenkombination (8) ist denkbar. Der Pyramiden-Experte Stadelmann argumentiert für ein System wie in (9) für den ersten Bauabschnitt.

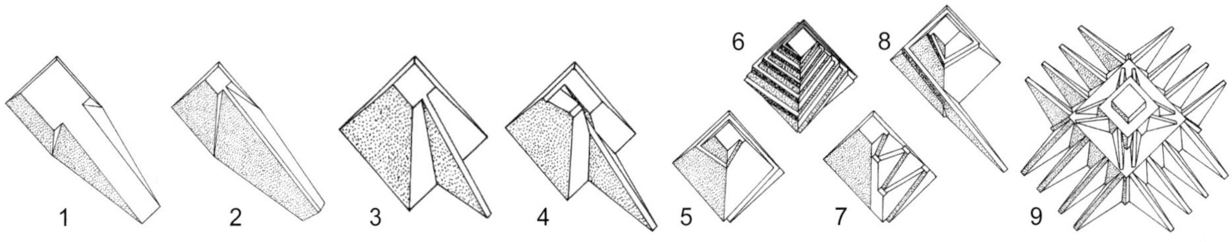

© 2009 Cornelsen Verlag, Berlin. Alle Rechte vorbehalten.

Förderbogen 6

Zum erfolgreichen Bearbeiten dieses Förderbogens solltest du noch einmal folgende Seite(n) im Buch aufmerksam lesen: **S. 66–67**

Arbeitsaufträge:

1 Schau dir die Abbildung auf S. 66 f. noch mal genauer an und lies dir den Text durch. Fülle nun die Sprechblasen mit Gedanken oder Äußerungen der Beteiligten aus:

2 Die kurzen Steckbriefe der Götter enthalten keine Namen. Aus der Bildunterschrift von S. 67 kannst du kombinieren, um wen es sich jeweils handelt. Notiere den Namen und Buchstaben der jeweiligen Gottheit.

Gottheit 1: Er gilt als Sohn von Isis und Osiris und ist der Schutzgott des Pharao. Wie ein Greifvogel hat er alles im Überblick: ____________________________ (__)

Gottheit 2: Die Gottheit überwacht die Einbalsamierung der Toten, ist ihr Begleiter. Ihre Gestalt ist halb menschlich, halb Teil eines Wüstentieres: _________________________ (__)

Gottheit 3: Er ist so etwas wie der Pharao des Jenseits und trägt eine Krone, die die Landesteile Ober- und Unterägypten darstellen soll: __________________________ (__)

Gottheit 4: Diese Gottheit gilt als Frau des Osiris und ist für ihre Fürsorglichkeit berühmt. Sie wird zumeist mit der Thron-Hieroglyphe über dem Kopf dargestellt: __________________________ (__)

© 2009 Cornelsen Verlag, Berlin. Alle Rechte vorbehalten.

Förderbogen 7

Zum erfolgreichen Bearbeiten dieses Förderbogens solltest du noch einmal folgende Seite(n) im Buch aufmerksam lesen: **S. 70–75**

Die Schrift ist ein Kennzeichen der alten Hochkulturen. Hier kannst du wiederholen, warum sie für einen gut funktionierenden Staat so wichtig war. Gleichzeitig lernst du eine andere Hochkultur kennen, deren Erfolg auch auf einer Schrift basierte: die Keilschrift des Zweistromlandes (sie ist auf S. 151 abgebildet).

Arbeitsaufträge:

1 Für die Verwaltung eines Staates braucht man Schreiber, die ihrer Sache kundig und zuverlässig sind. Stelle in der Tabelle zusammen, welche Tätigkeiten in Ägypten festgehalten werden mussten und warum die Aufgabe für den Schreiber verantwortungsvoll war.

Festgehalten wurde durch Beamte:	Dies war verantwortungsvoll, weil …

© 2009 Cornelsen Verlag, Berlin. Alle Rechte vorbehalten.

2 Lies den Text M2. Erkläre, woher die Keilschrift ihren Namen hat und wie sie funktionierte.

M2 Die Keilschrift der Sumerer

Die Keilschrift wird mit angespitzten Schilfhalmen geschrieben. (Schilf ist eine Pflanze, die an Flussufern wächst.) (…) Drückte man sie in eine kleine Tafel aus ungebranntem Lehm, so entstanden keilförmige Linien, die an einem Ende dicker waren als am anderen. Aus diesem Grund wird die Schrift der Sumerer auch Keilschrift genannt. Es war eine Silbenschrift. So gab es ein Zeichen für „ba“ (wir brauchen zwei Zeichen, um diese Silbe zu schreiben!), ein anderes für „bi“, „bu“, „ub“ und so weiter. Außerdem gab es noch Zeichen für ganze Wörter. Ein Stern bedeutete zum Beispiel „Dingir“, Gott. Um überhaupt schreiben zu können, musste man ungefähr 200 verschiedene Zeichen kennen, ein guter Schreiber beherrschte mehr als 500.

Zit. n. *http://de.wikibooks.org/wiki/Wikijunior_Alte_Zivili sationen/_Keilschrift* (Stand: 23.2.2009).

a) Entwirf eine eigene Keilschrift, in die du „Turmbau in Babylon“ übersetzt:

b) Informiere dich im Internet über die Sumerer und ihre Hauptstadt Ur.

c) Nenne außer der Schrift weitere Merkmale für eine Hochkultur. Schreibe in dein Heft.

Lebenswelt altes Ägypten

Ein Kaufmann aus dem Zweistromland kommt nach Ägypten, um dort Getreide zu kaufen. Das letzte Stück des Weges nach Assuan legt er mit dem Schiff zurück.

1 Begleite den Kaufmann auf seiner Schiffsreise den Nil entlang.

a) Beschreibe, was der Kaufmann am Rande des Nils sieht, und erkläre seine Beobachtungen.

b) Der Steuermann berichtet, welche Bedeutung der Fluss für sein Land und das Leben der Ägypter hat. Berichte aus seiner Perspektive!

2 Der Kaufmann bewundert, in Assuan angekommen, den großen Getreidespeicher, den der Pharao hat anlegen lassen. Zeige anhand des Speichers auf, dass Ägypten ein Staatswesen war, das auf Fürsorge, Planung und Kontrolle gründete. (Erwähne auch Personen, die daran beteiligt sind, damit der Speicher funktioniert!)

3 Bei einem Stopp im Tal der Könige beobachtet der Reisende einen Künstler, der mit einem Priester und einem Beamten Skizzen für das Grabmal des Tutanchamun anfertigt.
Die Wandmalerei mit einem Totenritual (M1) siehst du hier abgebildet.
Beschreibe das Bild schrittweise, wie du es als Methode gelernt hast.
(Beziehe bei der Deutung die Bildunterschrift mit ein und wende auch dein Wissen über die Jenseitsvorstellungen der Ägypter an!)

M1 Der Nachfolger Tutanchamuns öffnet dem Toten mit einem Stab den Mund, damit er wieder sprechen kann, Wandmalerei in der Grabkammer, ca. 1323 v. Chr.

4 Auf dem Rückweg passiert der Händler die Pyramiden von Gizeh, die er schon vom Fluss aus sehen kann. Er kann sich nicht erklären, wie diese Bauwerke zustande gekommen sind. Auch diesmal hilft der Steuermann. Versetze dich in die Rolle des Steuermanns und erläutere, wie die Pyramiden deinen Erkenntnissen zufolge technisch und organisatorisch gebaut worden sind.

5 Bevor der Kaufmann wieder in seine Heimat im Zweistromland zurückkehrt, wundert er sich über die Schrift der Ägypter, die er nicht versteht.

a) Beschreibe, welchen Zweck die Hieroglyphenschrift erfüllte.

b) Auch im Reich der Sumerer, der Heimat des Kaufmanns, können nur sehr wenige Menschen schreiben. Finde Argumente, ob ein Kaufmann damals schreiben können musste oder nicht.

© 2009 Cornelsen Verlag, Berlin. Alle Rechte vorbehalten.

Förderbogen 1

1

Orte und Bauwerke, die ich kenne	Orte und Bauwerke aus Reiseführern
Pyramiden (Gizeh)	Abu Simbel
Kairo	Karnak-Tempel
Assuan(stausee)	Hatschepsut-Palast
Tal der Könige	

2 **a)** Auf dem Bild sind Ländereien dargestellt, die bewirtschaftet werden. Man sieht Menschen meist zu zweit Ackerbau betreiben: mit Ochse und Pflug, bei der Saat, in verschiedenen Stadien der Ernte. Durch die Kanäle fließt Wasser aus dem Nil in verschiedene Bereiche des Landes, das durch Landwirtschaft genutzt werden kann.

b) Der Reisebericht sollte geographische Angaben beinhalten wie Abfahrt aus Napata oder die Stadt Theben. Der Eindruck des Nilstroms als grünes Band inmitten der Wüste ist wichtig, auch die Jahreszeit und ihre Auswirkungen auf den Fluss. Beschrieben werden sollte auch, welchen Tätigkeiten die Menschen nachgehen, die man am Fluss und seinen Kanälen arbeiten sieht.

3 Die meisten Menschen in Deutschland nehmen Hochwasser wie das der Schneeschmelze aus den Alpen oder ein Sommerhochwasser wie an der Oder als eine bedrohliche Naturkatastrophe wahr, als unberechenbare Ausnahme. Der Schlamm, der nach Ablaufen des Hochwassers alles bedeckte, wurde als großes Ärgernis gesehen. In Ägypten hingegen sehnen alle das Hochwasser herbei. Das Land entlang des Nils ist so besiedelt, dass die Dörfer höhergelegen und geschützt sind. Überflutet werden vor allem die Ackerflächen, die den Schlamm als Düngung gut gebrauchen können. So sorgt das Nilwasser jährlich für eine gute Ernte. Die Ägypter sehen das Hochwasser so positiv, dass sie ihren Kalender und auch ihre Götter darauf beziehen.

Förderbogen 2

An einem Beispiel soll erläutert werden, wie das Spiel funktioniert: Nachdem alle ihre Karten haben, zieht der „Pharao" die Aktionskarte „Ein großer Vorratsspeicher soll auf dem Gelände eines Marktes angelegt werden". Der Pharao weist seinen Wesir an, dass er in der Stadt, z. B. Theben, Erkundigungen einholen soll, wo innerhalb der Mauern Platz für einen Speicher ist, den die Stadt zur Lagerung von Vorräten für schlechte Zeiten braucht. Der Wesir gibt sich zu erkennen und weist einen Beamten an, er solle vor Ort ein Gelände innerhalb der Stadt auswählen, das groß genug und unbebaut ist. Der Beamte wendet sich nun an den Schreiber, der protokolliert, was in Theben herausgefunden wurde. Der Schreiber macht eine Zeichnung, aus der Größe und Bedarf deutlich werden. Der Schreiber fordert die Kaufleute Thebens auf, ihren Markt zu verlegen, weil dieser als Speicher gebraucht wird. Ein Kaufmann fordert Bauern aus der Umgebung dazu auf, ihre Waren an eine andere Stelle anzuliefern und nur noch Getreide für den neuen Speicher an den alten Marktplatz zu bringen.
Bei Umkehrung der Hierarchie könnten die Bauern mitteilen, dass ihnen der alte Marktort ungeeignet für einen Speicher erscheint, weil er z.B. eine Brandgefahr darstellt oder sie Mühe haben werden, auf einem neuen Markt Fuß zu fassen. Auch die Handwerker finden einen Umzug nicht gut, obwohl sie einen Speicher prinzipiell gut finden. Der Beamte nimmt die Argumente auf, die die Gruppen in Theben vorzubringen haben und informiert den Wesir. Der wiederum fasst die Lage zusammen und bittet den Pharao um eine Entscheidung. Er entscheidet sich für die Notwendigkeit des Speichers, der allen Menschen in und um Theben nützt und bietet Händlern, Handwerkern und Bauern eine größere Fläche an, die durch eine Stadtmauer mit einem schönen Tor geschützt werden soll. Hier könnte man mit der Aktionskarte „Stadttor" weiterspielen.

© 2009 Cornelsen Verlag, Berlin. Alle Rechte vorbehalten.

Förderbogen 3

1 **a)** Der Tisch ist reich gedeckt, Wohlstand, Reichtum der Gastgeber, großes Angebot an Speisen, Fruchtbarkeit.

b) Eine Sklavin des Hauses bietet eine Schale mit Wein an.

c) Pärchen 1 nimmt den Wein entgegen.

d) Pärchen 2 fächelt sich Luft zu.

e) Pärchen 3 hält sich vertraut an den Armen.

f) Pärchen 4 füttert sich mit Speisen.

2 Die Frauen hatten offenbar das Recht, sich in derartigen Festgesellschaften zu treffen, Alkohol zu trinken und ihre Nähe und Zuneigung zu demonstrieren. Frauen hatten im alten Ägypten sehr viele Rechte, waren in Berufen tätig. Die Frau galt als „Herrin des Hauses".

3 Damengesellschaft in einer Villa in Theben, 1300 v. Chr. Die Gäste tragen Kegel mit duftenden Salben auf dem Kopf und haben z. T. Fächer und Trinkschalen in der Hand.

4 Die Person am Bildrand trägt eine Hose und wird von einem männlichen Sklaven bedient. Der Mann sitzt auf einem Sessel und bekommt eine Spuckschale hingehalten. Auch ist ein Dolch zu sehen. Es ist die Frage, ob der Hausherr das Fest kontrolliert, er scheint zumindest nicht Teil zu sein und die Damenrunde nicht zu stören.

Förderbogen 4

1

Die Pyramiden wurden von Sklaven gebaut, die die Ägypter aus dem Krieg mitbrachten.	Die Ägypter selbst empfanden den Dienst beim Pyramidenbau als religiöse Ehre.
Die Pyramiden wurden von Außerirdischen gebaut und haben für sie eine Funktion	Nachweislich lassen sich keine Spuren von Außerirdischen finden. Die Pyramiden sind kein „Stargate“, sondern von Menschenhand erbaut als Herrschaftsdemonstration.
In den Pyramiden wurden Fallen wie Feuerwerfer oder rollende Kugeln gegen Plünderer installiert.	Mechanische Fallen, wie man sie aus Spielfilmen kennt, überdauern nicht Jahrtausende, auch Tiere nisten sich eher zufällig in Pyramiden ein. Ob die Entwicklung von Pilzsporen in den Kammern Absicht war, ist umstritten.
Die Pyramiden wurden mithilfe einer wundersamen Technik aus der Zukunft erbaut.	Man kann rational erklären, wie Menschen mit den damaligen Techniken die Pyramiden bauen konnten. Wer sich das nicht erklären kann, muss auf die Zukunft als „Ausrede“ zurückgreifen.
Die Pyramiden in Gizeh wurden in Jahrhunderten Bauzeit errichtet.	Schon ihr Zweck legt nahe, dass die Grabkammern rasch fertiggestellt wurden, zum Teil weit vor dem Tod der Pharaonen.
Der Entdecker des Grabes von Tutanchamun, Carter, und einige seiner Mitarbeiter wurden durch einen Fluch getötet.	Die Luft in der Grabkammer war durch die verrotteten Grabbeigaben und die Bakterien, die sich entwickelten, stark gesundheitsgefährdend. Bis heute ist umstritten, ob dies Absicht der Baumeister war.

2 a) Die Baumeister der Pyramiden hätten sicherlich viel darum gegeben, fliegen zu können, um den Fortschritt von oben zu begutachten. Man hätte den Arbeitseinsatz und die geometrische Ausrichtung viel besser kontrollieren oder den Fortschritt an der Baustelle verfolgen können.

b) Das Umsetzen einer derart großen Bauleistung ist nur durch genaue Kenntnisse der Astronomie möglich. Mittels der Gestirne fand man Orientierungspunkte. Auch vom Boden aus kann man mit den Gesetzen der Geometrie einen solchen Bau bewerkstelligen. Dies zeigt, wie hoch entwickelt und genau die architektonischen Kenntnisse der Ägypter waren und wie präzise die Arbeiten koordiniert wurden. Dies ist nur durch ein strikt hierarchisches System von Planung und Kontrolle möglich

© 2009 Cornelsen Verlag, Berlin. Alle Rechte vorbehalten.

Förderbogen 5

1 a) Die Grundfläche der Pyramide ist quadratisch: 230 Meter mal 230 Meter. Die Höhe wird auf S. 64 und 65 unterschiedlich angegeben. Am besten nimmst du den höheren Wert, also 146 Meter.

b) Wenn 10 Meter in Wirklichkeit 0,5 Zentimetern in der Zeichnung entsprechen, wäre der Sockel 11,5 Zentimeter lang, also 23 Kästchen. Die Höhe macht 146 Meter aus, also 7,3 Zentimeter und fast 15 Kästchen.

c) Die Lage der Kammern ist auf S. 65 angeben.

d) Die Seiten sind gleichschenklig, beide Winkel an der Basis sind gleich groß. Kannst du den Winkel an der Spitze nachmessen? Alle Winkel im Dreieck müssen 180 Grad ergeben.

2 Die Steine wurden auf Ziehschlitten gelegt und über Rampen nach oben gezogen. Die Forscher sind sich uneinig darüber, ob eine einzige gerade Rampe dazu verwendet wurde (Nr. 1, 2, 3, 4), eine Rampenspirale um die Pyramide herum (Nr. 5, 6), Rampenkombinationen (Nr. 7, 8) oder mehrere Rampen aus allen Himmelsrichtungen (Nr. 9).

Förderbogen 6

1 Hier kann man keine eindeutigen Lösungen angeben. Versetze dich in die Lage der Personen und formuliere ihre möglichen Gefühle und Gedanken. Diese Gedanken sollen sich auf die Situation des Totengerichtes beziehen, beispielsweise Beobachtungen zum Abwägevorgang oder zu anderen beteiligten Figuren. Wenn dir der Platz in den Blasen nicht ausreicht, kannst du auch Nummern einfügen und in dein Heft schreiben.

2 Gottheit 1: Horus (F); Gottheit 2: Anubis (B); Gottheit 3: Osiris (G); Gottheit 4: Isis (H)

Förderbogen 7

1

Festgehalten wurde durch Beamte:	Dies war verantwortungsvoll, weil ...
Steuern und Abgaben	dies genau und gerecht sein muss, kein Betrug möglich.
Vorräte und Speicherstand	es um das Überleben in Notzeiten ging.
Planung von Gebäuden	hier Genauigkeit gefragt war.
Organisation von Staatsaufgaben (Einteilung von Arbeitskräften, Materialbeschaffung)	Der Schreiber anhand der Aufzeichnungen den Überblick behalten konnte.

Wichtig waren also Präzision, Zuverlässigkeit, Archivierung von Daten und das Organisieren von Arbeitsprozessen.

2 a) Deine Lösung sollte aus sechs Zeichen bestehen: Turm-bau-in-ba-by-lon (sechs Silben).

b) http://de.wikipedia.org (Stichworte: Sumerer und Ur)
http://www.blinde-kuh.de (Stichworte: Sumerer und Keilschrift)

c) Ein Staat mit zentraler Verwaltung und Regierung, Religion, Arbeitsteilung, Zeitrechnung, Kunst, Architektur, Anfänge von Wissenschaft und Technik.

Lernerfolg

1 a) Der Kaufmann wird zunächst, je nach Jahreszeit sehen, dass der Fluss breit und tief ist und er die Wüste wie ein grünes Band durchzieht. Auf dem Fluss sind zahlreiche Schiffe mit Personen und Waren unterwegs. Gesäumt ist der Nil von einem Grünstreifen mit Palmen und beispielsweise Papyrusstauden. In seinem breiten Tal ist die Natur begrünt, Kanäle ermöglichen die Bewässerung auch größerer Flächen, es wachsen zahlreiche Nutzpflanzen, am wichtigsten das Getreide, aber auch Obst und Gemüse – Dattelhaine zum Beispiel. Die Menschen sind stark mit dem Fluss verbunden, er spendet ihnen Leben. Viele Menschen arbeiten am Fluss und mit den Segnungen des Flusses. Auch die Pyramiden, die man vom Nil aus sehen kann, sind mithilfe des Flusses erbaut worden, da er auch ein Transportweg ist. Kein Wunder, dass die alten Ägypter ihren Nil verehrten und ihren Jahreslauf auf ihn ausrichteten, da er auch zwei Ernten ermöglichte und die Menschen in diesem Tal verwöhnte.

b) „Mein Lieber, jetzt stehst du die ganze Zeit schon an der Reling und kommst aus dem Staunen nicht heraus. Du kennst doch eure großen Flüsse, Euphrat und Tigris. Aber du hast recht, der Nil ist für uns Ägypter etwas Besonderes. Ohne diesen Fluss wären wir Nomaden, die in der Wüste leben. Nicht weit von hier ist das ja auch der Fall. Aber überall, wo sein Wasser hingelangt, da ist Leben. Der Nil wird in zahlreichen Liedern gepriesen, für uns ist er wie ein Vater: Er gibt uns alles, ist großzügig, man kann sich auf ihn verlassen, er bestimmt, aber er ist auch streng. Wenn sein Hochwasser das Tal überflutet, fragt der Fluss niemanden um Erlaubnis. Aber wir erwarten ja auch seine Geschenke, den fruchtbaren Schlamm, den er vom äthiopischen Hochland bis hierher mit sich führt. Für uns ist er ein Lebensspender, gerade weil er das Land immer erneut fruchtbar macht, denn schnell ist der Boden trotz Wasser und Sonne ausgelaugt. Der Nil liefert die Erneuerung immer wieder mit, er ist das Leben. Niemand hat vor diesem Fluss Angst, das sollte man auch vor seinem Vater nicht haben. Man verdankt ihm viel, soll ihn verehren und nicht erzürnen. So bringen unsere Priester ihm auch Opfer. Nun sehe ich aber Müdigkeit in deinen Augen. Du hast dich wohl sattgesehen. Nun lege dich hin, morgen sind wir in Assuan.

2 Obwohl der Nil die Ägypter reich beschenkt, mussten sie doch auch für magere Jahre Vorräte anlegen, schon die Bibel berichtet davon. Hierzu hat der Pharao Sorge getragen, um sein Volk vor Hunger zu schützen. Das zeichnet einen guten vorausschauenden Herrscher aus. Der Speicher wurde durch die Beamten des Pharao geplant: Er ist ein mächtiges Gebäude, das das Getreide gut konservieren soll und sich nicht aufheizt. Kluge Baumeister haben es errichtet. Die Bauern liefern einen Teil ihrer Steuern für den Speicher ab. Das wird durch Schreiber genau verzeichnet, damit es keine Ungerechtigkeiten gibt, jeder nach seinem Anteil! Wenn es tatsächlich Missernten gibt, durch Heuschreckenschwärme oder Niedrigwasser, sind alle Bewohner froh, ob Handwerker oder Bauern, dass es den Speicher gibt. Dann wird das Getreide nach einem Plan an die Bevölkerung verteilt, auch hier sind Beamte als Schreiber tätig. Priester überwachen das Geschehen und bitten die Gottheiten um eine gute Ernte im nächsten Jahr. Die Ägypter von Assuan müssen jedenfalls keine Angst haben. Ihr Staat funktioniert so gut, dass er sie schützt.

3 Auf dem Bild sind drei Personen zu sehen, zwei stehen im Vordergrund, die dritte (ganz links) schaut aus dem Bild heraus. Die beiden mittleren sind Männer. Die linke Person ist in weiß gekleidet und hat einen herrschaftlichen weißen Hut auf, die rechte Person ist mit einem Leopardenfell bekleidet und hält ein Instrument in der Hand. Auf dem Tisch zwischen den beiden liegen Gegenstände, die auch wie Werkzeug aussehen. Oberhalb der beiden Personen sind Kartuschen mit Namen in Hieroglyphenschrift abgebildet.

Bezieht man die Informationen aus der Bildunterschrift mit ein, versteht man, dass es sich um ein Ritual mit einem Toten handelt. Der weißgekleidete, herrschaftlich wirkende Mann ist der berühmte Pharao Tutanchamun, dessen Totenmaske man kennt. Ihm soll nach dem Tod der Mund geöffnet werden. Diese Ehre hat ein Nachfolger, der mit dem Instrument auf den ehemaligen Pharao zugeht.

Diese Wandmalerei zeigt einen weiteren Gesichtspunkt der Jenseitsvorstellung der Ägypter. Sie statteten ihre Toten nicht nur mit Lebensmitteln und Möbeln für das Jenseits aus und balsamierten ihre Körper ein, um sie für das Leben nach dem Tod zu erhalten. Was den Toten neben diesen Annehmlichkeiten fehlt, ist ihre Sprachfähigkeit, weil sie ihre Zunge nicht bewegen können. Durch die auf dem Bild dargestellte rituelle Handlung mit einem heiligen Instrument sollte die Sprechfähigkeit des Toten wiederhergestellt werden.

4 „Schon viele Reisende haben gezweifelt, wie wir Ägypter die Pyramiden gebaut haben: Teufelszeug aus der Zukunft, ihr könnt fliegen wie die Vögel, habt Kräfte wie Bären. Alles Unfug. Keine übernatürliche Macht hilft uns dabei. Da ist Köpfchen gefragt und Erfahrung. Unsere Beamten und Ingenieure sind wahre Genies in Mathe. Hinzu kommen Astronomen, die durch den Standort der Gestirne genau berechnen können, in welchem Winkel die Steine aufgeschichtet werden müssen. Die spannendste Frage hast du selbst eben gestellt: Wie bloß die vielen Steine in einer solchen Ordnung aufeinander kommen! Da braucht es auch ein ausgeklügeltes System von Rampen, man muss genau wissen, wo man anfängt und wo man die Hilfskonstruktionen wieder wegschaffen kann. Jeder Baumeister hat sein eigenes Vorgehen; allen gemeinsam ist, dass die Blöcke, alle fast gleich groß auf Stämmen gerollt werden und jede Menge Sand als Rampe aufgeschichtet wird. Beim Abtragen hilft dann sogar auch der Wind. Ach was, Jahrhunderte dauert das nicht, der Pharao will ja schon zu Lebzeiten seine letzte Ruhestätte planen, sie sogar begehen. Dazu helfen viele aus dem einfachen Volk mit, besonders Bauern. Ob sie das ganz freiwillig tun? Nun ja, es ist eine Ehre und zeugt von dem Respekt den Göttern und Pharaonen gegenüber, da hat man keine Wahl. Nein, Sklaven, gefangene Soldaten setzen wir nicht ein, damit sie das Grabmal nicht entweihen. Außerdem arbeiten die weniger gut als solche Landsleute, die an die Bedeutung ihrer Arbeit glauben. Man kann Teil eines göttlichen Plans sein – oder hast du jemals in der Natur etwas gesehen, das dreieckig ist? Siehst du, das ist göttlich. Dafür opfern die einen ihr Gehirnschmalz, die anderen ihre Arbeitskraft. Noch in Jahrtausenden kann man stolz auf diese Leistungen sein.“

5 a) Merkwürdig, diese Schrift. Sie ist nicht wie bei uns eine Silbenschrift, sie ist eine Bilder- und Lautschrift. Manche der Buchstaben sind ja Dingen nachempfunden. Für die Ägypter ist die Schrift heilig, sie ist mit der Religion verbunden, taucht in Tempeln auf, aber ich habe auch ganz viele Menschen schreiben sehen auf meiner Handelsreise: Kaufleute, Schreiber und Beamte des Pharao. Die Schrift ist praktisch, aber unsere Keilschrift ist fortschrittlicher, irgendwie weniger kindisch. Nun ja, schön sind die in Ton eingeritzten Keile nicht, aber auch nicht so aufdringlich bunt wie die der Ägypter.

b) Ein Kaufmann muss gut handeln können, etwas von seinen Waren und den Kunden verstehen, muss die Wünsche der Kunden kennen. Dazu muss er nicht schreiben. Wahrscheinlich kommt es ganz darauf an, ob es sich um einen Kaufmann handelt, der ein großes Geschäft hat und der seine Außenstände und Bestände nicht im Kopf behalten kann – seine Steuern auch nicht. Ein guter Kaufmann muss planen, einen Überblick über sein Geschäft haben. Er braucht jemanden, der die Bücher führt.

© 2009 Cornelsen Verlag, Berlin. Alle Rechte vorbehalten.

3. Antike Lebenswelten – Griechen und Römer

3.1 Lebenswelt griechische Polis

Ich kann, weiß, verstehe ...	Sehr sicher	Sicher	Unsicher	Sehr unsicher	Hilfen finde ich hier:
1 Ich kann folgende Begriffe erklären: **a)** Polis					S. 79
b) Oikos					S. 80, 94–95
c) Demokratie					S. 90–93
d) Antike					S. 87
e) Sklaven					S. 94–95
2 Ich kann erklären, wie die landschaftliche Beschaffenheit Griechenlands das Entstehen der Poleis begünstigte.					S. 79 Förderbogen 1
3 Ich kann erklären, weshalb sich die Griechen – obwohl sie sehr verstreut siedelten – als eine Gemeinschaft fühlten.					S. 79, 81, 86 Förderbogen 2
4 **a)** Ich kenne Gründe, die zur Auswanderung aus den griechischen Mutterstädten und zur Gründung neuer Töchterstädte führten,					S. 81 Förderbogen 3
b) ich kann die Kolonisation der Griechen datieren und					S. 81–83
c) ich kenne die Kolonisationsgebiete der Griechen.					S. 83
5 Ich kann Gemeinsamkeiten sowie Unterschiede zwischen den antiken und den modernen Olympischen Spielen benennen.					S. 84–85 Förderbogen 4
6 **a)** Ich kenne die wichtigsten griechischen Götter und					S. 86 Förderbogen 5
b) ich kann erklären, wie sich die Religiosität der Griechen von der des Christentums bzw. des Islam unterscheidet.					
7 Ich kenne wichtige griechische Philosophen mit ihren Lebensdaten und kann ihre Leitgedanken mit meinen Worten wiedergeben.					S. 87
8 **a)** Ich kenne die wichtigsten Organe (Institutionen) der athenischen Verfassung.					S. 90–93
b) Ich kann ihre Funktionsweise erklären sowie ihre Stärken und Schwächen bewerten.					Förderbogen 6 und 7
c) Ich kann die athenische Demokratie mit unserer heutigen Demokratie vergleichen.					S. 90–94 Förderbogen 6
9 Ich kenne die Rollenverteilung in der athenischen Ehe.					S. 94–95
10 Ich kann die Rolle Athens im östlichen Mittelmeerraum (bis etwa 430 v. Chr.) beurteilen.					S. 90, 97
11 Ich kann erläutern, wodurch sich die Gesellschaftsordnung Spartas von der Athens unterschied.					S. 98 Förderbogen 7
12 Ich kann die Ziele der spartanischen Erziehung beurteilen.					S. 98
13 Ich kann Geschichtskarten „lesen", d. h. ich kann die wichtigsten Aussagen einer Geschichtskarte erfassen und wiedergeben.					S. 82–83 Förderbogen 1
14 Ich kann Kunstwerke (Vasen, Statuen, Bauwerke, Gemälde etc.) „entschlüsseln", d. h. ich kann sie sowohl unter künstlerischen als auch historischen Gesichtspunkten untersuchen.					S. 88–89
15 Ich kann ein Schaubild „lesen", d. h. ich kann Informationen aus einer grafischen Darstellung mithilfe der Legende entnehmen und bewerten.					S. 93 Förderbogen 7

© 2009 Cornelsen Verlag, Berlin. Alle Rechte vorbehalten.

Förderbogen 1

Zum erfolgreichen Bearbeiten dieses Förderbogens solltest du noch einmal folgende Seite(n) im Buch aufmerksam lesen: **S. 79, 82–83**

Arbeitsauftrag:

Erarbeite anhand der Karte M1, wovon die Menschen in Attika lebten. Nimm dabei die Methodenseite „Karten lesen" aus deinem Arbeitsbuch zu Hilfe.

1. Schritt
Wie lautet das Thema der Karte?

Welchen Zeitraum umfasst die Karte?

Welche Frage beantwortet die Karte?

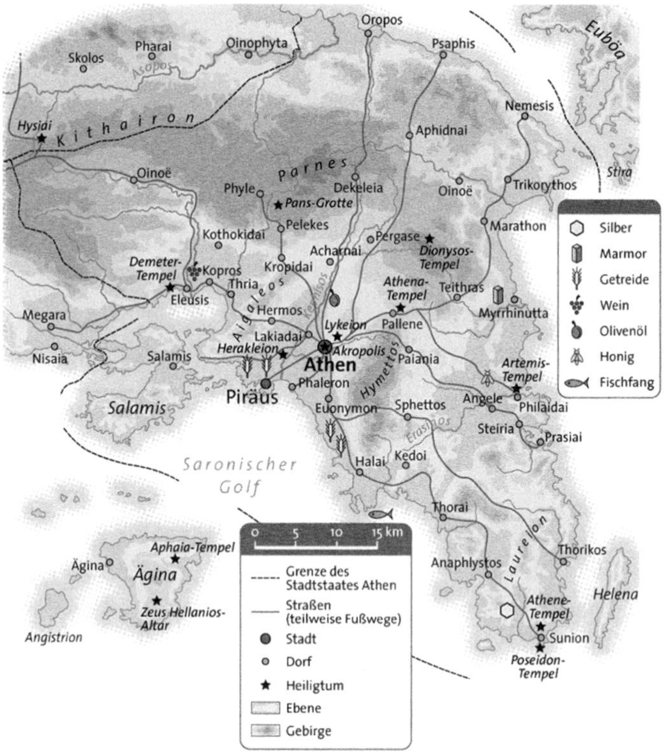

M1 Die Halbinsel Attika im 5. Jahrhundert v. Chr.

2. Schritt
Die Kartenlegende gibt Auskunft über:

3. Schritt
Maßstab: Die Entfernung vom Poseidontempel bis nach Oropos beträgt ca. ________ km.

4. Schritt
Die Karte macht Aussagen über:

© 2009 Cornelsen Verlag, Berlin. Alle Rechte vorbehalten.

Förderbogen 2

Zum erfolgreichen Bearbeiten dieses Förderbogens solltest du noch einmal folgende Seite(n) im Buch aufmerksam lesen: **S. 79, 81, 86**

M1 Die antiken Hellenen nach eigenem Verständnis

Die verschiedenen Völker der Griechen definierten die Zugehörigkeit zu den Hellenen über die verschiedenen Varianten der griechischen Sprache und über den olympischen Kult in der Religion. Religiöse Feste wie die Mysterien von Eleusis, zu denen sich Einwohner aller griechischen Völker versammelten, drückten in der politisch zersplitterten und oft durch gegenseitige Konkurrenz oder Krieg geprägten griechischen Welt fast schon nationale Einheit aus. Auch die verhältnismäßig einheitliche Tempel-Architektur im gesamten griechischen Raum ist ein Beispiel für die Rolle der Religion für die gesamtgriechische Kultur. Die panhellenischen Olympischen Spiele, ein kultischer Wettkampf auf dem heiligen Hain am Zeusheiligtum von Olympia, waren nur freien Bürgern eben dieser griechischen Welt offen. Inwieweit die Makedonen eine mit dem Griechischen verwandte Sprache oder einen Dialekt des Griechischen sprachen, ist bis heute umstritten, offenbar wurde auch ihre Zugehörigkeit zu den Hellenen in der Antike – besonders von Athen – bezweifelt. Ab 408 v. Chr. waren sie jedoch nachweislich zu den Olympischen Spielen zugelassen, waren also als Hellenen anerkannt.
Nichtgriechen bezeichnete man lautmalerisch als Barbaren, ein Wort, das das „Stammeln" – bar bar – der unverständlichen Fremdsprache wiedergibt. Später wurde das Wort gleichbedeutend für ungeschliffenes, unzivilisiertes und kulturloses Verhalten schlechthin. Unser Wort „Barbarei" stammt daher.

Zit. nach http://de.wikipedia.org/wiki/Griechen, 26.09.2008, Bearb. d. Verfassers.

M2 ____________

____

____

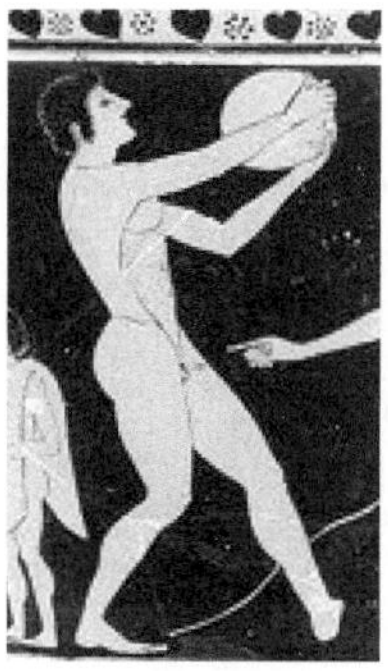

M3 ____________

____

M4 ____________

M5 ____________

Arbeitsaufträge:

1 Nenne die im Text angeführten Gründe, weshalb sich die Griechen – obwohl sie sehr verstreut siedelten und trotz aller Unterschiede – als eine große Gemeinschaft fühlten.

2 Deute die Motive der Abbildungen und erkläre, was sie mit dem Thema des Textes zu tun haben.

3 Erkläre, weshalb eine gemeinsame Sprache und Schrift sowohl ein Volk „zusammenschweißen" als auch dazu beitragen können, sich von anderen Völkern abzugrenzen.

© 2009 Cornelsen Verlag, Berlin. Alle Rechte vorbehalten.

Förderbogen 3

Zum erfolgreichen Bearbeiten dieses Förderbogens solltest du noch einmal folgende Seite(n) im Buch aufmerksam lesen: **S. 81**

Arbeitsaufträge:

1 Vervollständige das Diagramm M1, indem du durch Pfeile Ursachen und Folgen kennzeichnest.

2 Arbeite aus den Quellen M2 bis M4 Ursachen für die Kolonisation heraus.

M1 Ursachen für die Kolonisation, Schaubild

M2 Beschluss der Bewohner von Thera um 630 v. Chr.
Aus einer Inschrift erfahren wir:

Die Versammlung der Theräer hat beschlossen: Da Apollon den Battos und die Theräer veranlasst hat, Kyrene zu gründen, gilt es den Theräern als ausgemacht, den Battos als Anführer und König nach Libyen zu entsenden. Als Gefährten gleichen Rechts aber sollen Theräer mitfahren, und zwar aus jedem Hause ein Sohn – die Wahl treffe die Unverheirateten – und von den anderen Theräern jeder Freie, der da will. Wenn nun die Ansiedler die Kolonie behaupten, sollen jene Eingesessenen, die später nach Libyen ausfahren, gleiche bürgerliche und politische Rechte und auch Anteil am noch nicht verteilten Land haben. Wenn sie aber die Kolonie nicht behaupten können … sollen sie innerhalb von fünf Jahren nach Thera zurückkehren und in den alten Besitz, die alten politische Rechte eintreten können. Wer aber nicht ausfahren will, obwohl die Gemeinde ihn aussendet, sei der Todesstrafe verfallen, sein Besitz sei Gemeindegut.

Zit. nach Erich Bayer, Griechische Geschichte, Stuttgart (Kröner) 1968, S. 51.

M3 Zur Lage auf der Insel Thera
Der griechische Geschichtsschreiber Herodot (um 485–425 v. Chr.) berichtet:

Nun blieb sieben Jahre lang der Regen in Thera aus. Während dieser Zeit verdorrten alle Bäume auf der Insel mit Ausnahme eines einzigen. Auf ihre Anfrage beim Orakel erinnerte die Pythia sie an die Kolonisation in Libyen ... Die Theraier bestimmten, dass aus allen sieben Gemeinden der Insel immer je einer von zwei Brüdern um die Auswanderung losen sollte … So schickten sie zwei Fünfzigruderer nach Platea [Insel vor Libyen/ Nordafrika].

Zit. nach Herodot, Historien, Bd. 1, hg. v. Joseph Feix, Zürich (Artemis & Winkler) 1995, S. 613–615.

M4 Zur Lage in Athen und Griechenland um 600 v. Chr.
Der griechische Geschichtsschreiber Plutarch (ca. 47–126 n. Chr.) schreibt:

Damals war der Gegensatz zwischen Arm und Reich so groß geworden, dass sich die Stadt in einer höchst kritischen Lage befand … Das ganze niedere Volk war nämlich den Reichen verschuldet … Wer seiner Schulden wegen sich selbst verpfändet hatte, wurde von seinen Gläubigern abgeführt und diente fortan entweder im Lande als Sklave oder wurde in die Fremde verkauft. Viele Eltern waren auch genötigt, ihre Kinder zu verkaufen, denn kein Gesetz verbot das.

Plutarch, Solon, 13; zit. nach Plutarch, Große Griechen und Römer, Bd. 1, Leipzig 1954.

© 2009 Cornelsen Verlag, Berlin. Alle Rechte vorbehalten.

Förderbogen 4

Zum erfolgreichen Bearbeiten dieses Förderbogens solltest du noch einmal folgende Seite(n) im Buch aufmerksam lesen: **S. 84–85**

M1 Vasenmalereien,
4. und 5. Jahrhundert v. Chr.

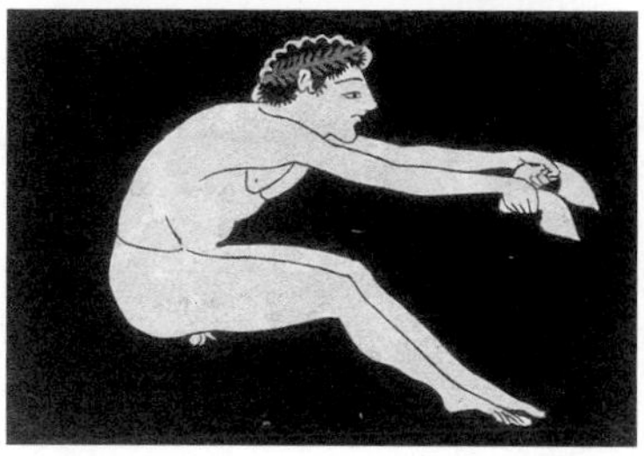

Arbeitsaufträge:

1 Beschreibe, welche antiken Sportarten du auf den Abbildungen erkennen kannst.

2 Ergänze die folgende Tabelle.

	Antike Spiele	Heutige Spiele
Seit wann finden die Spiele statt?		Seit 1896 – bzw. die Winterspiele seit 1924
Wann finden die Spiele statt?		Alle vier Jahre – bzw. alle zwei Jahre, wenn man die Winterspiele berücksichtigt
Warum finden die Spiele statt?		Zur Unterhaltung, als sportlicher Wettkampf
Wo finden die Spiele statt?		Immer an einem anderen Ort, der sich lange vorher darum bewerben muss
Warum nehmen Sportler teil?		Aus sportlichem Ehrgeiz – und wegen der wertvollen Werbeverträge
Welche Belohnung gibt es für einen Sieg?	Siegeskranz aus Olivenzweigen sowie ein Stirnband	Offiziell nur eine Goldmedaille, unter Umständen aber anschließend Sponsoren- und Werbeverträge
Wer darf an den Spielen teilnehmen?		Alle Sportler, die sich dafür qualifiziert haben
Wer darf zuschauen?		Jeder, der sich dafür interessiert – in den Stadien oder vor dem Fernseher
Wie lange dauern die Spiele?		Über zwei Wochen
Welchen Stellenwert haben die Spiele für die Menschen?		Hängt davon ab, ob sie sich für Sport interessieren oder nicht

© 2009 Cornelsen Verlag, Berlin. Alle Rechte vorbehalten.

Förderbogen 5

Zum erfolgreichen Bearbeiten dieses Förderbogens solltest du noch einmal folgende Seite(n) im Buch aufmerksam lesen: **S. 86**

M1 Streit unter Göttern

Jedes Kind in Griechenland kannte unzählige Geschichten über die Götter, so auch die folgende:

Zeus und [seine Frau] Hera stritten unaufhörlich. Obwohl er seine Geheimnisse mit ihr teilte und auch manchmal ihren Rat annahm, vertraute er ihr niemals voll und ganz. Sie wusste, dass er sie peitschen oder sogar einen Blitz gegen sie schleudern würde, sollte sie ihre Grenzen überschreiten …
Es kam eine Zeit, als … die Launenhaftigkeit des Zeus so unerträglich wurde, dass Hera, Poseidon, Apollon und all die anderen Olympier … ihn plötzlich umringten, als er schlafend auf seinem Bette lag. Sie banden ihn mit … hundert Knoten, sodass er sich nicht bewegen konnte. Er drohte ihnen mit sofortigem Tod, aber sie hatten den Donnerkeil außer Reichweite gelegt und verlachten ihn höhnisch. Während sie ihren Sieg feierten und eifersüchtig über die Nachfolge stritten, eilte Thetis[1], … die einen Bürgerkrieg auf dem Olympos befürchtete, den hundertarmigen Briareos[2] zu suchen. Dieser löste mit hundert Händen schnell die Knoten und befreite seinen Herrn. Da Hera die Verschwörung gegen ihn angeführt hatte, hängte Zeus sie mit goldenen Fesseln um die Handgelenke an den Himmel und band ihr einen Amboss an jedes Fußgelenk … Schließlich versprach Zeus, Hera zu befreien, wenn die Götter schwören … sich nie wieder gegen ihn aufzulehnen.

Zit. nach Robert von Ranke-Graves, Griechische Mythologie. Quellen und Deutung, Bd. 1, Reinbek 1960, S. 44 f.

[1] Meeresgöttin, sie wurde von Hera aufgezogen
[2] Ein Ungeheuer, vermutlich Sohn des Poseidon

© 2009 Cornelsen Verlag, Berlin. Alle Rechte vorbehalten.

Arbeitsaufträge:

1 Beschreibe, welchen Eindruck die griechischen Götter in dieser Erzählung auf dich machen.

2 Ergänze die folgende Tabelle.

griechische Götter	Christentum/Islam
	Monotheistische Religionen, d. h. man glaubt nur an einen Gott.
	Gott ist allmächtig und unfehlbar.
	Gott hat keine menschliche Gestalt.
	Gotteslästerung stellt eine Sünde dar.

3 Erkläre, was es für die Griechen bedeutete, dass die Götter ihr Leben so stark beeinflussen konnten.

Förderbogen 6

Zum erfolgreichen Bearbeiten dieses Förderbogens solltest du noch einmal folgende Seite(n) im Buch aufmerksam lesen: **S. 90–94**

Arbeitsaufträge:

1 Sind die folgenden Aussagen über die athenische Demokratie wahr oder falsch?

Aussage	wahr	falsch
1. Die Besetzung der meisten Ämter in Athen wurde seit Mitte des 5. Jahrhunderts v. Chr. ausgelost.		
2. Politiker, die nach Meinung der Athener zu viel Macht auf sich vereinten, konnten durch das Scherbengericht für 10 Jahre aus der Stadt verbannt werden.		
3. Alle Athener durften wählen, sofern sie alt genug dafür waren.		
4. Jeder Athener Bürger hatte das Recht, auf der Volksversammlung zu reden.		
5. Im Prinzip hatte Athen jeden Tag ein anderes Staatsoberhaupt, das aus dem Rat der 500 ausgelost wurde.		
6. Die Volksversammlung wählte die 10 Strategen (hohe Offiziere).		
7. Nur reiche Athener Bürger konnten sich leisten, in ein Amt gewählt oder gelost zu werden.		

2 Verbessere die beiden falschen Aussagen aus Aufgabe 1.

1. Fehler: ____

____

2. Fehler: ____

____

3 Vergleiche die athenische Demokratie mit unserer heutigen Demokratie.

athenische Demokratie	heutige Demokratie
	Staatsbürger ist, wer die deutsche Staatsangehörigkeit besitzt. (Art. 116 GG)
	Randgruppen werden nicht diskriminiert, d. h. von politischen Entscheidungen ausgeschlossen.
	Wir haben eine repräsentative Demokratie, d. h. es werden Vertreter des Volkes in ein Parlament gewählt, welche die Interessen der Wähler wahrnehmen sollen.
	Es herrscht Gewaltenteilung, d. h. die Staatsorgane, welche Gesetze beschließen und diejenigen, welche die Gesetze ausführen, sind voneinander getrennt und werden von unabhängigen Gerichten überwacht.
	Parteien und Medien sorgen für die Meinungsbildung der Bevölkerung.
	Abgeordnete im Bundestag erhalten für ihre Tätigkeit Gehälter (Diäten) und Spesen.

© 2009 Cornelsen Verlag, Berlin. Alle Rechte vorbehalten.

Förderbogen 7

Zum erfolgreichen Bearbeiten dieses Förderbogens solltest du noch einmal folgende Seite(n) im Buch aufmerksam lesen: **S. 93, 98**

M1 Aufgaben und Ämter in der Polis Sparta

Alle männlichen Spartiaten über 30 Jahre trafen sich einmal im Monat in der Volksversammlung. Hier wurde über einen Kriegszug entschieden und man beschloss – ohne vorhergehende Diskussion – die Gesetze für die Polis. Die Volksversammlung verlieh auch neuen Bewohnern das Recht, Bürger Spartas zu werden. Einmal im Jahr wählte die Volksversammlung fünf „Ephoren“. Das waren leitende Beamte, die die Einhaltung der Gesetze überwachten. Bei Gesetzesverstößen übernahmen sie auch die Aufgaben von Polizei und Richtern. Neben der Volksversammlung und den Ephoren gab es den Rat der Ältesten, der auf Griechisch „Gerusia“ hieß. Er bestand aus 28 Spartiaten über 60 Jahren, die auf Lebenszeit in den Rat gewählt wurden. Die Gerusia schlug vor, über welche Gesetze die Volksversammlung abstimmen sollte. Zur Gerusia gehörten zusätzlich zwei Könige. Sie vererbten ihr Amt an ihre Söhne. Die Macht der Könige beschränkte sich allerdings auf die Führung des Heeres im Kriegsfall.

(Verfassertext)

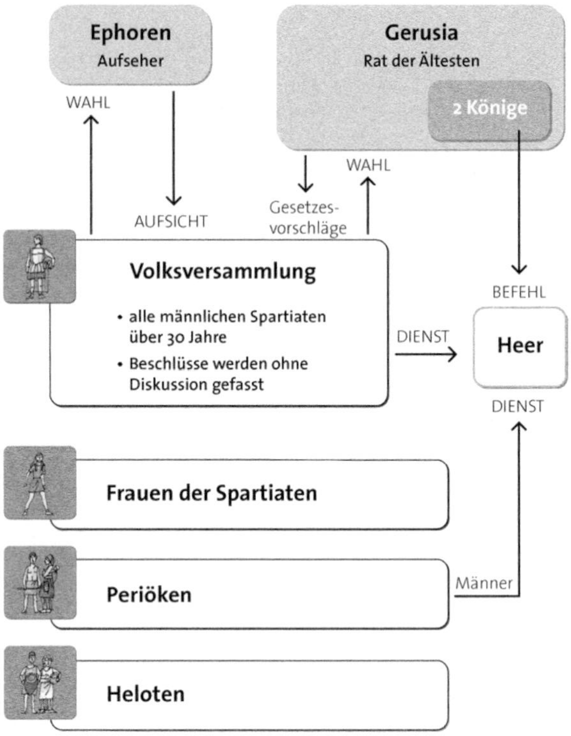

© 2009 Cornelsen Verlag, Berlin. Alle Rechte vorbehalten.

Arbeitsaufträge:

1 Bestimme mithilfe von M1, welche Aufgaben und Rechte die Bevölkerungsgruppen Spartas hatten. Unterscheide dabei nach Männern und Frauen.

2 Vergleiche die Verfassung der Polis Sparta mit der Verfassung der Polis Athen.

	Athen	Sparta
Wer besitzt politische Rechte?		
Wer besitzt die größte politische Macht?		
Wer ist das Staatsoberhaupt und wie lange ist seine Amtszeit?		
Wie wird die Regierung gebildet?		
Wo und wie werden politische Entscheidungen getroffen?		
Wer ist für die Rechtsprechung zuständig?		
Wer schlägt Gesetze vor und wer beschließt die Gesetze?		

Lebenswelt griechische Polis

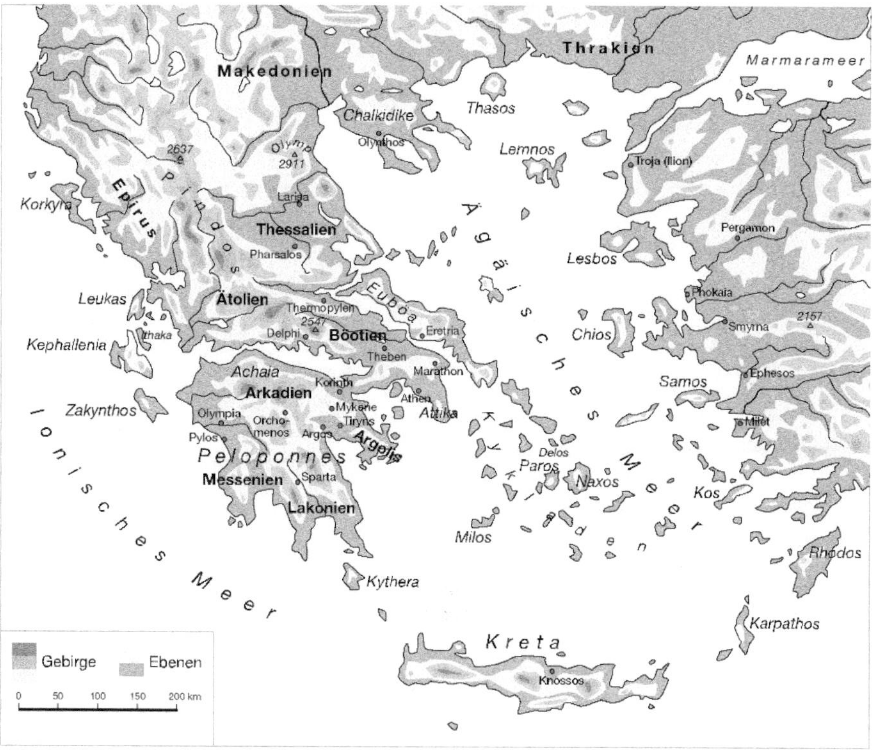

M1 Das antike Griechenland

1 In Griechenland entstand kein großes Reich mit einer Hauptstadt. Vielmehr bildete jede Stadt einen eigenen Staat mit einer eigenen Regierung. Die Griechen nannten einen solchen Ort *Polis*. Erkläre mithilfe der Karte, wie die Landschaft die Entstehung der Stadtstaaten begünstigt hat.

2 Nenne und erläutere drei Ursachen der griechischen Kolonisation zwischen dem 8. und 6. Jahrhundert v. Chr.

3 Sind die folgenden Aussagen wahr oder falsch?

	Aussagen	wahr	falsch
1.	Griechenlands Landschaft ist geprägt von weitläufigen Ebenen.		
2.	Die Griechen gründeten an der nordafrikanischen Küste und in Südspanien Kolonien.		
3.	Die Olympischen Spiele fanden zur Ehren des Göttervaters Zeus statt.		
4.	Während der Olympischen Spiele musste in ganz Griechenland Frieden gehalten werden.		
5.	Die modernen Olympischen Spiele gibt es seit 1952; sie finden alle vier Jahre in einer anderen Stadt statt.		
6.	Die griechischen Götter waren ihrem Wesen nach den Menschen sehr ähnlich.		
7.	„Polis“ ist das griechische Wort für „Polizei“.		
8.	Alle Athener Bürger durften wählen, sofern sie alt genug dafür waren.		
9.	Frauen und Männer besaßen in Athen die gleichen Rechte.		
10.	Nur reiche Athener Bürger konnten sich leisten, in ein Amt gewählt oder gelost zu werden.		
11.	Athens wirtschaftliche Macht beruhte auch auf seiner militärischen Führungsrolle im östlichen Mittelmeer.		
12.	Sparta gründete wie viele andere griechische Städte zahlreiche Kolonien.		

4 Nimm begründet Stellung zu der Behauptung, dass ein männlicher Athener Bürger nach Errichtung der Demokratie Mitte des 5. Jahrhunderts v. Chr. größere Chancen hatte, die eigene politische Meinung durchzusetzen, als heute.

© 2009 Cornelsen Verlag, Berlin. Alle Rechte vorbehalten.

Förderbogen 1:

1 Das Thema der Karte ist die Halbinsel Attika. Die Karte stellt das Vorkommen wichtiger Handels- und Wirtschaftsgüter sowie die Anbaugebiete verschiedener landwirtschaftlicher Produkte und Fischfangregionen im 5. Jahrhundert v. Chr. dar. Man kann mithilfe der Karte verschiedene Fragen beantworten, z. B.:
* Wovon lebten die Athener?
* Wo wurden diese Produkte gewonnen bzw. erzeugt?
* Wo befanden sich Heiligtümer der Athener?
* Wie ist die Landschaft Attika beschaffen?
* Wie sah die Infrastruktur (Straßen und Wege) in Attika aus?

Die Kartenlegende gibt Auskunft über die Bedeutung der Symbole für die Wirtschaftsgüter und landwirtschaftlichen Produkte. Mithilfe der Legende erkennt man, dass es in Attika zwar nur die beiden Städte Athen und Piräus gab, aber sowohl im Landesinneren als auch an der Küste zahlreiche Dörfer lagen.
Vom Poseidon-Tempel bis nach Oropos waren es entlang der Straße ungefähr 100 km, Luftlinie waren es ungefähr 80 km.
Die Karte zeigt, dass das Gebiet Polis Athen bei Weitem nicht nur die Stadt, sondern die gesamte Halbinsel Attika umfasste. Die Lebensbedingungen der Menschen war folglich recht unterschiedlich: Sie lebten entweder entlang der Küste, in der Ebene oder im Gebirge in Dörfern oder in den Städten Athen bzw. Piräus. In der Karte kann man ferner erkennen, dass praktisch alle Straßen auf das Zentrum Athen zulaufen, was die Bedeutung der Stadt zeigt. Auf der Karte ist jeweils nur ein Gebiet für Wein, Olivenöl, Honig und Fischfang bezeichnet. Ein Grund ist sicherlich der kleine Maßstab der Karte.

Förderbogen 2:

1 Griechische Sprache (und Schrift) – panhellenische Olympische Spiele – religiöse Feste – einheitliche Tempelarchitektur
2 **M2** Tonscherbe mit dem Namen eines Politikers, Überrest einer Volksversammlung; **M3** Diskuswerfer, Ausschnitt aus einem Vasenbild; **M4** Poseidon, Vasenbild; **M5** Tempel auf der Akropolis in Athen
3 Eine gemeinsame Sprache kann zu einem Gemeinschaftsgefühl beitragen, weil so zwischen den verschiedenen Mitgliedern der gleichen Sprachgruppe eine Verständigung möglich ist. Man entdeckt auch mit jemandem außerhalb der eigenen Familie oder des eigenen Dorfes eine Gemeinsamkeit. Diejenigen, welche die Sprache nicht beherrschen, können als fremd und andersartig empfunden werden.

© 2009 Cornelsen Verlag, Berlin. Alle Rechte vorbehalten.

Förderbogen 3:

1
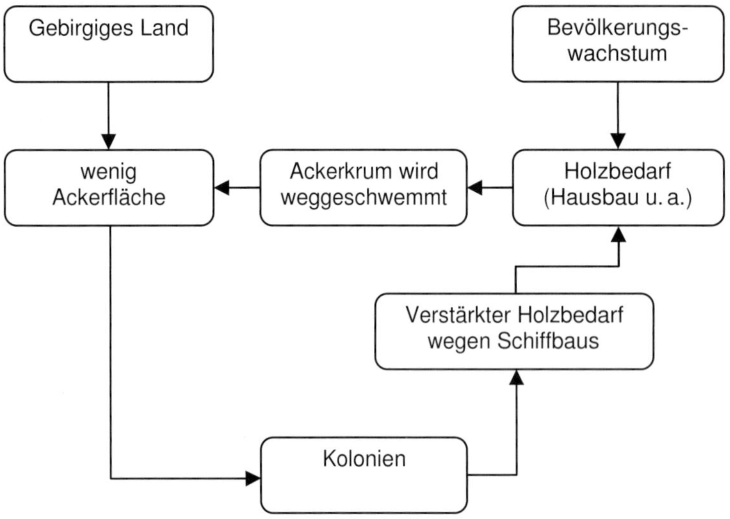

2 **a)** Missernten aufgrund klimatischer Bedingungen → Ernährung der Bevölkerung ist gefährdet
b) Zwang zum Verlassen der Mutterstadt wegen drohender Überbevölkerung
c) Soziale Spannungen innerhalb einer Polis, weil sich viele Menschen verschuldet hatten und teilweise als Sklaven arbeiten mussten

Förderbogen 4:

1 Wagenrennen – Schnelllauf – Weitsprung – Faustkampf.

2

	Antike Spiele	Heutige Spiele
Seit wann finden die Spiele statt?	Seit 776 v. Chr.	Seit 1896 – bzw. die Winterspiele seit 1924
Wann finden die Spiele statt?	Alle vier Jahre	Alle vier Jahre – bzw. alle zwei Jahre, wenn man die Winterspiele berücksichtigt
Warum finden die Spiele statt?	Zu Ehren des Göttervaters Zeus	Zur Unterhaltung, als sportlicher Wettkampf
Wo finden die Spiele statt?	Im Heiligtum Olympia	Immer an einem anderen Ort, der sich lange vorher darum bewerben muss
Warum nehmen Sportler teil?	Aus Ehre – persönlich und für die Heimatstadt	Aus sportlichem Ehrgeiz – und wegen der wertvollen Werbeverträge
Welche Belohung gibt es für einen Sieg?	Siegeskranz aus Olivenzweigen sowie ein Stirnband	Offiziell nur eine Goldmedaille, unter Umständen aber anschließend Sponsoren- und Werbeverträge
Wer darf an den Spielen teilnehmen?	Nur freie griechische Männer	Alle Sportler, die sich dafür qualifiziert haben
Wer darf zuschauen?	Nur freie griechische Männer	Jeder, der sich dafür interessiert – in den Stadien oder vor dem Fernseher
Wie lange dauern die Spiele?	Fünf Tage	Über zwei Wochen
Welchen Stellenwert haben die Spiele für die Menschen?	Aufgrund des religiösen Charakters einen sehr hohen	Hängt davon ab, ob sie sich für Sport interessieren oder nicht

© 2009 Cornelsen Verlag, Berlin. Alle Rechte vorbehalten.

Förderbogen 5:

1 Die griechischen Götter sind nachtragend, neidisch und brutal – verhalten sich also im Grunde sehr „menschlich" und nach unserem Verständnis wenig „göttlich".

2

griechische Götter	Christentum/Islam
Es gibt viele Götter, die jeweils für einen eigenen Bereich zuständig waren.	Monotheistische Religionen, d. h. man glaubt nur an einen Gott.
Die Götter waren zwar unsterblich, blieben ewig jung und schön, aber wie man aus dem Text oben erkennen kann, waren sie streitsüchtig, keineswegs allmächtig und mit vielen menschlichen Fehlern behaftet.	Gott ist allmächtig und unfehlbar.
Die Götter haben menschliche Gestalt; es gibt daher männliche und weibliche Götter.	Gott hat keine menschliche Gestalt.
Gotteslästerung stellt eine Sünde dar.	Gotteslästerung stellt eine Sünde dar.

Förderbogen 6:

1 Wahr: 1, 2, 4, 5, 6; falsch: 3, 7.

2 Es durften in Athen nur die männlichen Bürger über 18 Jahre wählen, d. h. Frauen, Metöken und Sklaven waren von der Volksversammlung ausgeschlossen.
Wenn ein Athener ein politisches Amt übernahm, wurde er aus der Staatskasse bezahlt. Dies ermöglichte es auch den ärmeren Bürgern, ein Amt zu übernehmen.

3

athenische Demokratie	heutige Demokratie
Nur in Athen geborene Männer über 18 Jahre waren Bürger.	Staatsbürger ist, wer die deutsche Staatsangehörigkeit besitzt. (Art. 116 GG)
Frauen, Metöken und Sklaven waren generell von politischen Entscheidungen ausgeschlossen.	Randgruppen werden nicht diskriminiert, d. h. von politischen Entscheidungen ausgeschlossen.
In Athen gab es eine direkte Demokratie, d. h. die Bürgerschaft versammelte sich und entschied in der Volksversammlung selbst über politische Fragen.	Wir haben eine repräsentative Demokratie, d. h. es werden Vertreter des Volkes in ein Parlament gewählt, welche die Interessen der Wähler wahrnehmen sollen.
Die Aufgabenbereiche des Rates der 500, der Volksversammlung und des Volksgerichtes waren nicht klar voneinander getrennt. Die letzte Entscheidungs- und Kontrollbefugnis hatte in allen Bereichen die Volksversammlung.	Es herrscht Gewaltenteilung, d. h. die Staatsorgane, welche Gesetze beschließen und diejenigen, welche die Gesetze ausführen, sind voneinander getrennt und werden von unabhängigen Gerichten überwacht.
In Athen sorgten die Demagogen für die Meinungsbildung der Bevölkerung.	Parteien und Medien sorgen für die Meinungsbildung der Bevölkerung.
Bürger, die an der Volksversammlung teilnahmen, am Volksgericht oder im Rat der 500 tätig waren, erhielten Tagegelder (Diäten).	Abgeordnete im Bundestag erhalten für ihre Tätigkeit Gehälter (Diäten) und Spesen.

Förderbogen 7:

1 Männer: Männliche Spartiaten über 30 Jahre waren Mitglied der Volksversammlung, die über Krieg und Frieden sowie die Verleihung des Bürgerrechts entschied, Gesetze beschloss und die Ephoren sowie die Gerusia wählte. Alle Ämter waren männlichen Bürgern vorbehalten. Männliche Periöken leisteten ebenfalls Dienst im Heer, besaßen aber ebenso wenig wie die männlichen Heloten politische Mitbestimmungsrechte.
Frauen: Gesellschaftlich waren die Frauen der Spartiaten zwar bessergestellt als die Frauen der Periöken und Heloten, nicht aber politisch: Sie besaßen ebenfalls keinerlei Mitbestimmungsrechte.

2

	Athen	**Sparta**
Wer besitzt politische Rechte?	Männliche Bürger über 18 Jahre	Männliche Bürger (Spartiaten) über 40 Jahre
Wer besitzt die größte politische Macht?	Die Volksversammlung	Die Gerusia und die Ephoren
Wer ist das Staatsoberhaupt und wie lange ist seine Amtszeit?	Jeden Tag ein anderes Mitglied des Rates der 500	Die fünf Ephoren, die auf ein Jahr gewählt wurden
Wie wird die Regierung gebildet?	Durch Los	Durch Wahl
Wo und wie werden politische Entscheidungen getroffen?	In der Volksversammlung durch Mehrheitsentscheidungen nach vorhergehender Diskussion	In der Volksversammlung, die über die Vorschläge der Gerusia ohne Diskussion abstimmt
Wer ist für die Rechtsprechung zuständig?	Das Volksgericht und bei Mordprozessen der Areopag	Die fünf Ephoren
Wer schlägt Gesetze vor und wer beschließt die Gesetze?	Vorgeschlagen werden die Gesetze in der Volksversammlung durch den Rat der 500; die Volksversammlung entscheidet über die Gesetze.	Die Gesetzesvorschläge stammen von der Gerusia. Die Volksversammlung stimmt lediglich über die Vorschläge ohne vorherige Diskussion ab.

© 2009 Cornelsen Verlag, Berlin. Alle Rechte vorbehalten.

Lernerfolg

1 Um ähnlich wie in Ägypten einen zusammenhängenden Staat zu gründen, müssen die Menschen auch die Möglichkeit haben, miteinander in Kontakt zu kommen. Griechenlands Landschaft ist aber geprägt von zahlreichen hohen Gebirgen und einer sehr langen Küstenlinie. Daher entstanden die zahlreichen, voneinander unabhängigen Stadtstaaten.

2 Siehe Förderbogen 3 sowie die zugehörigen Lösungen.

3

	Aussagen	**wahr**	**falsch**
1.	Griechenlands Landschaft ist geprägt von weitläufigen Ebenen.		X
2.	Die Griechen gründeten an der nordafrikanischen Küste und in Südspanien Kolonien.	X	
3.	Die Olympischen Spiele fanden zur Ehren des Göttervaters Zeus statt.	X	
4.	Während der Olympischen Spiele musste in ganz Griechenland Frieden gehalten werden.	X	
5.	Die modernen Olympischen Spiele gibt es seit 1952; sie finden alle vier Jahre in einer anderen Stadt statt.		X
6.	Die griechischen Götter waren ihrem Wesen nach den Menschen sehr ähnlich.	X	
7.	„Polis" ist das griechische Wort für „Polizei".		X
8.	Alle Athener Bürger durften wählen, sofern sie alt genug dafür waren.	X	
9.	Frauen und Männer besaßen in Athen die gleichen Rechte.		X
10.	Nur reiche Athener Bürger konnten sich leisten, in ein Amt gewählt oder gelost zu werden.		X
11.	Athens wirtschaftliche Macht beruhte auch auf seiner militärischen Führungsrolle im östlichen Mittelmeer.	X	
12.	Sparta gründete wie viele andere griechische Städte zahlreiche Kolonien.		X

4 Individuelle Lösung, die aber folgende Fakten berücksichtigen sollte:
Theoretisch scheint es bei der direkten Demokratie einfacher zu sein, die eigene politische Meinung durchzusetzen, als bei einer modernen repräsentativen Demokratie mit mehreren Millionen wahlberechtigten Bürgern.
In der Praxis setzten sich auf den Volksversammlungen damals jedoch auch nur die Demagogen und einige wenige, redegewandte Persönlichkeiten durch. Der „einfache" Bürger Athens beschränkte sich darauf, seine Stimme bei Entscheidungen oder Wahlen abzugeben, meldete sich aber kaum selbst zu Wort.

3. Antike Lebenswelten – Griechen und Römer

3.2 Rom – vom Stadtstaat zur Weltmacht

Ich kann, weiß, verstehe ...	Sehr sicher	Sicher	Unsicher	Sehr unsicher	Hilfen finde ich hier:
1 Ich kann die Ereignisgeschichte der römischen Republik von ihrer Gründung bis zu ihrem Ende in eine chronologische Reihenfolge bringen.					S. 100–119 Förderbogen 1
2 Ich kann folgende Begriffe erklären: **a)** Stände, d. h. Patrizier und Plebejer					S. 106–107, 116
b) Republik					
c) Popularen und Optimaten					
3 **a)** Ich kenne die historischen Befunde zur Entstehung der Stadt Rom,					S. 101
b) ich kann den Gründungsmythos nacherzählen und erklären, weshalb die Römer ihn schufen.					S. 102–103
4 **a)** Ich kann den Aufbau der römischen „familia" erklären und					S. 104–105 Förderbogen 2
b) kann sie mit der heutigen Form der Familie vergleichen.					
5 Ich weiß, welche Rolle die Religion bei den Römern spielte und kann erklären, wie sich dies im Alltag zeigte.					S. 104
6 **a)** Ich kenne den Aufbau der römischen Republik und					S. 106–107 Förderbogen 3
b) ich kann diese Verfassung mit der Staatsordnung in Athen vergleichen.					S. 93
7 **a)** Ich kenne die wichtigsten Etappen, in denen Rom die Vorherrschaft in Italien erlangte,					S. 108–111 Förderbogen 4
b) kenne die wichtigsten Etappen, in denen Rom schließlich die Vorherrschaft im ganzen Mittelmeerraum und Westeuropa erlangte und					
c) ich kenne die Herrschaftsmethoden der Römer gegenüber besiegten Völkern.					
8 Ich kann am Beispiel der drei Punischen Kriege kriegerische Konflikte untersuchen.					S. 110–111 Förderbogen 5
9 **a)** Ich kann die römische Expansion beurteilen und					S. 108–112 Förderbogen 6
b) ich kenne deren innenpolitische und gesellschaftliche Folgen.					S. 113–115 Förderbogen 7
10 Ich kenne die Einstellung der Römer zu Kriegen.					S. 112
11 Ich kenne die Gründe für die Reformversuche der Gracchen, die Inhalte der Reformen und das Ergebnis.					S. 114
12 Ich kenne **a)** die Probleme der römischen Republik Ende des 2. Jahrhunderts v. Chr. und					S. 116 Förderbogen 8
b) kann die Gründe erläutern, weshalb sie scheiterte.					
13 Ich kann schriftliche Quellen untersuchen.					S. 118

© 2009 Cornelsen Verlag, Berlin. Alle Rechte vorbehalten.

Förderbogen 1

Zum erfolgreichen Bearbeiten dieses Förderbogens solltest du noch einmal folgende Seite(n) im Buch aufmerksam lesen: **S. 100–119**

Zum Verständnis der Geschichte der römischen Republik ist es wichtig, einen Überblick über die Chronologie der Ereignisse zu haben. Bevor du die Aufgaben auf diesem Blatt bearbeitest, solltest du die entsprechenden Seiten im Buch gründlich lesen und dir auf einem Blatt die wichtigsten Ereignisse mit ihren Daten herausschreiben.

Arbeitsauftrag:

Bringe die folgenden Ereignisse in die chronologische Reihenfolge und trage sie dann in dieser Reihenfolge in die Tabelle ein. Erläutere jeweils kurz mit eigenen Worten, worum es sich bei dem Ereignis handelte.

Zeitalter der Bürgerkriege in Rom – 1. Punischer Krieg – Ständekämpfe in Rom – Beginn der Besiedlung der Gegend um Rom – Ermordung Caesars – 2. Punischer Krieg – Die ganze italienische Halbinsel steht unter der Kontrolle Roms – Beginn der römischen Republik – Ende der römischen Republik – sagenhaftes Gründungsdatum Roms – Reformversuche der Gracchen – 3. Punischer Krieg – Plünderung Roms durch die Kelten

Datum	Ereignis	Erläuterung
um 1000 v. Chr.		
753 v. Chr.		
510 v. Chr.		
490–287 v. Chr.		
387 v. Chr.		
272 v. Chr.		
264–241 v. Chr.		
218–202 v. Chr.		
149–146 v. Chr.		
133–121 v. Chr.		
133–31 v. Chr.		
44 v. Chr.		
27 v. Chr.		

© 2009 Cornelsen Verlag, Berlin. Alle Rechte vorbehalten.

Förderbogen 2

Zum erfolgreichen Bearbeiten dieses Förderbogens solltest du noch einmal folgende Seite(n) im Buch aufmerksam lesen: **S. 104–105**

Römer-Quiz

Für jede richtige Antwort erhältst du einen Buchstaben. Von oben nach unten gelesen (zuerst die linke Spalte) ergeben die Lösungsbuchstaben den lateinischen Namen für das römische Familienoberhaupt.

Die Macht des römischen Familienoberhaupts war entstanden,
- als es noch keine staatliche Macht gab. (p)
- weil nach römischem Glauben die Männer die Krone der Schöpfung sind. (s)

Emanzipieren hieß bei den Römern,
- jemanden aus der väterlichen Macht entlassen. (a)
- die Frauenquote im Senat erhöhen. (o)

Emanzipieren bedeutet heute,
- sich aus einem Zustand der Abhängigkeit befreien. (t)
- Frauen im Beruf bevorzugen. (l)

Römische Frauen
- kümmerten sich in der Regel um Haus und Familie. (e)
- schrieben und musizierten, da die Sklavinnen ihnen alle Arbeit abnahmen. (o)

Die römischen Jungen hatten
- drei Namen (Vor-, Familien- und Bei- bzw. Spitznamen). (r)
- zwei Namen (Vor- und Familiennamen). (b)

Es machte römischen Eltern nichts aus,
- ihren Söhnen Mädchennamen zu geben. (i)
- ihre Söhne einfach durchzunummerieren. (f)

Mädchen
- hatten keinen Vornamen. Sie wurden mit dem Familiennamen angeredet (Julia aus der Familie der Julier). (a)
- wurden nach Tugenden genannt, wie Pia (= die Fromme). (g)

Unter einem Dach
- redeten sich alle mit Vornamen an. (m)
- wurden nur die Sklaven und Mägde mit Vornamen gerufen. (c)

M1 Römisches Ehepaar mit Kind, Grabdenkmal aus Neumagen, Mitte 3. Jh. n. Chr.

Mädchen
- erhielten keine Schulausbildung. (h)
- gingen gemeinsam mit ihren Brüdern in eine „Elementarschule“. (i)

Mädchen heirateten früh,
- manchmal schon mit 15 ½ Jahren. (e)
- manchmal schon mit 12 Jahren. (l)

In der Oberschicht war es üblich,
- dass der Vater den Ehegatten für seine Tochter aussuchte. (i)
- dass nur aus Liebe geheiratet wurde. (f)

Frauen
- hatten keine politischen Rechte. (a)
- hatten keine Zeit, sich um ein politisches Amt zu bewerben. (s)

Frauen durften
- öffentliche Feste, Theater, Thermen (= Badeanstalten) und Spiele besuchen. (s)
- ihr Haus nur mit Erlaubnis des Mannes verlassen. Der Besuch öffentlicher Einrichtungen war ihnen verboten. (o)

Lösungswort: ________________________

© 2009 Cornelsen Verlag, Berlin. Alle Rechte vorbehalten.

Förderbogen 3

Zum erfolgreichen Bearbeiten dieses Förderbogens solltest du noch einmal folgende Seite(n) im Buch aufmerksam lesen: **S. 93, 106–107**

Arbeitsaufträge:

1 Vergleiche die Verfassung der Polis Athen mit der Verfassung der römischen Republik. Die Tabelle soll dir dabei helfen.

	Polis Athen	**Römische Republik**
Wer besitzt politische Rechte?		
Wer besitzt die größte politische Macht?		
Wer ist das Staatsoberhaupt und wie lange ist seine Amtszeit?		
Wie wird die Regierung gebildet?		
Wo und wie werden politische Entscheidungen getroffen?		
Wer schlägt Gesetze vor und wer beschließt die Gesetze?		

© 2009 Cornelsen Verlag, Berlin. Alle Rechte vorbehalten.

2 Sind die folgenden Aussagen über die römische Republik wahr oder falsch? Trage in der Tabelle ein.

Aussagen	**wahr**	**falsch**
1. Die Mitglieder des Senats wurden auf Lebenszeit vom Volk gewählt.		
2. Außer für den Diktator galt für alle römischen Beamten das Prinzip der Kollegialität, d. h. alle Ämter waren mindestens doppelt besetzt.		
3. Die Volkstribune hatten das Recht, ihr Veto (Einspruch) gegen Entscheidungen der Magistrate einzulegen.		
4. Die Magistrate wurden auf die Dauer von vier Jahren gewählt.		
5. Anders als heute wurden die Magistrate nicht bezahlt, weshalb es sich nur wohlhabende Bürger leisten konnten, ein hohes politisches Amt zu bekleiden.		
6. An der Volksversammlung konnte prinzipiell jeder Bürger teilnehmen, doch in der Praxis konnten beispielsweise einfache Bauern davon kaum Gebrauch machen.		
7. In der Volksversammlung hatte die Stimme der reicheren Bürger Roms größeres Gewicht als die der Armen und Besitzlosen.		

3 Verbessere die beiden falschen Aussagen aus Aufgabe 2.

1. Fehler: ____

____

2. Fehler: ____

____

Förderbogen 4

Zum erfolgreichen Bearbeiten dieses Förderbogens solltest du noch einmal folgende Seite(n) im Buch aufmerksam lesen: **S. 108–111**

Um 500 v. Chr. war Rom ein kleiner Stadtstaat. Einige Jahrhunderte später beherrschte es Italien, Griechenland, Spanien, Frankreich sowie Länder in Asien und Afrika.

Arbeitsaufträge:

1 Trage in M1 auf den Schreiblinien die Namen der folgenden römischen Provinzen ein:

- Achaia
- Aegyptus
- Africa
- Asia
- Britannia
- Gallia
- Hispania
- Syria

2 Kennzeichne die Phasen der römischen Expansion farblich:

- römischer Machtbereich um 200 v. Chr. (blau),
- römische Provinzen bis 133 v. Chr. (rot),
- römische Provinzen bis 44 v. Chr. (gelb),
- Erwerbungen unter Augustus bis 14 n. Chr. (grün)

M1 Die Ausbreitung des Römischen Reiches von 220 v. Chr. bis 14 n. Chr.

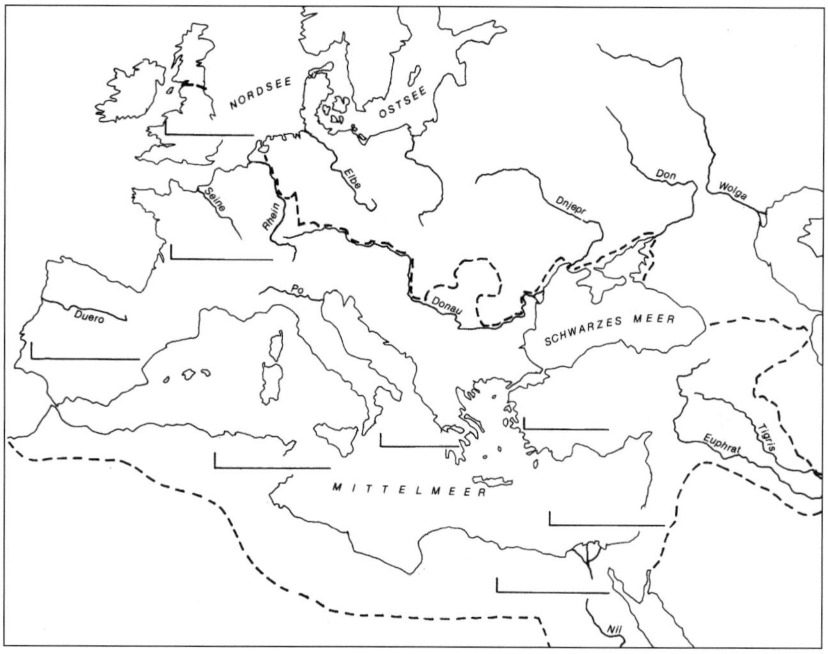

3 Trage einige der römischen Provinzen in die Tabelle ein; nimm hierzu einen Erdkundeatlas zu Hilfe.

Eroberungen bis 200 v. Chr.		**Eroberungen bis 44 v. Chr.**	
Römische Provinz:	Sie liegt heute in:	Römische Provinz:	Sie liegt heute in:
Sicilia	Italien	Asia	Türkei
Eroberungen bis 133 v. Chr.		**Eroberungen bis 14 n. Chr.**	
Römische Provinz:	Sie liegt heute in:	Römische Provinz:	Sie liegt heute in:
Hispania		Aegyptus	

© 2009 Cornelsen Verlag, Berlin. Alle Rechte vorbehalten.

Förderbogen 5

Zum erfolgreichen Bearbeiten dieses Förderbogens solltest du noch einmal folgende Seite(n) im Buch aufmerksam lesen: **S. 110–111**

Arbeitsauftrag:

Fülle die Tabelle aus.

Kriterien	1. Punischer Krieg (264–241 v. Chr.)	2. Punischer Krieg (218–202 v. Chr.)	3. Punischer Krieg (149–146 v. Chr.)
Ursachen			Siehe Folgen des 2. Punischen Krieges
Anlässe			
Ziele der Römer	Rom wollte ganz Unter-italien und Sizilien kon-trollieren.		Endgültige Vernichtung Karthagos
Ziele der Karthager	Karthago betrachtete Sizilien als eigenes Ein-flussgebiet und möchte die Kontrolle behalten.		Verteidigung ihrer Stadt
Ergebnisse			
Folgen			

© 2009 Cornelsen Verlag, Berlin. Alle Rechte vorbehalten.

Förderbogen 6

Zum erfolgreichen Bearbeiten dieses Förderbogens solltest du noch einmal folgende Seite(n) im Buch aufmerksam lesen: **S. 108–112**

Fast während der gesamten Zeit seines Bestehens führte Rom Kriege, als Stadtstaat ebenso wie als Herrscherin über Italien und als Imperium Romanum, das große Teile der damals bekannten Welt beherrschte. Damit stellte sich für Rom immer die Frage, wie mit den ehemaligen Gegnern umzugehen war.

Arbeitsaufträge:

1 Erkläre, welches Selbstverständnis der Römer in Vergils Verserzählung „Aeneis" (M1) deutlich wird.

M1 Der Beruf des Römers
Der römische Dichter Vergil (70 –19. v. Chr.) schrieb in seiner „Aeneis":

Du bist ein Römer, dies sei dein Beruf:
Die Welt regiere, denn du bist ihr Herr,
Dem Frieden gib Gesittung und Gesetze,
Begnad'ge, die sich dir gehorsam fügen,
Und brich in Kriegen der Rebellen Trutz.

Vergil, Aeneis 6, 835 ff. Zit. n. Geschichte in Quellen, Bd. 1: Altertum, bearb. v. Walter Arend, München (bsv) 1965, S. 587, übers. v. E. Norden.

© 2009 Cornelsen Verlag, Berlin. Alle Rechte vorbehalten.

2 Arbeite aus M2 heraus, wie Aristides das Verhältnis von Herrschern und Beherrschten beschreibt.

M2 Vom Nutzen der römischen Herrschaft
Der griechische Redner Aelius Aristides (117–181 n. Chr.) richtete im Jahr 156 n. Chr. folgende Rede an die Römer:

So kommt kein Hass gegen eure Herrschaft auf ... Ihr machtet alles allen gemeinsam und gabt den Leuten, die dazu fähig waren, die Möglichkeit, ebenso beherzt zu werden wie an der Herrschaft teilzunehmen ... So werden Arme wie Reiche mit Recht zufriedener mit den jetzt bestehenden Verhältnissen und haben ihren Nutzen davon; eine andere Möglichkeit zu leben gibt es nicht ..., und was früher unmöglich schien, wurde unter euch zur Wirklichkeit: Stärke der Herrschaft verbunden mit Menschlichkeit.

Zit. nach Geschichte in Quellen, Bd. 1: Altertum, bearb. von Walter Arend, München (bsv) 1965, S. 678 f., übers. v. W. Arend.

3 Arbeite aus M3 heraus, welche Charaktereigenschaften den Römern vom nordbritannischen Häuptling nachgesagt worden sein sollen.

M3 „Räuber des Erdkreises"
Nordbritannische Stämme sind von Rom angegriffen worden. Einem ihrer Anführer legte der römische Historiker Tacitus (etwa 55 –117 n. Chr.) folgende Worte in den Mund:

Feindlicher als die Natur sind die Römer; vor ihrem überheblichen Machtanspruch flieht man vergebens, da helfen weder blinder Gehorsam noch Zurückhaltung. Die Römer, diese Räuber des Erdkreises, durchstöbern jetzt die Meere, nachdem ihnen, die alles verwüsteten, keine neuen Länder mehr zur Verfügung stehen. Wenn der Feind reich ist, dann um Ruhm. Weder der Orient[1] noch der Okzident[2] wird sie je zufriedenstellen. Sie allein von allen Menschen nehmen mit der gleichen Gier Reich und Arm für sich in Anspruch. Stehlen, Töten, Rauben – das nennen sie mit einem falschen Wort Herrschaft, und Frieden nennen sie es, wenn sie eine Wüste hinterlassen.

Tacitus, Agricola 30, 3 f.

[1] Morgenland; [2] Abendland

Förderbogen 7

Zum erfolgreichen Bearbeiten dieses Förderbogens solltest du noch einmal folgende Seite(n) im Buch aufmerksam lesen: **S. 113–115**

M1 Quintus' Familie geht es schlecht

Ein Schriftsteller erzählt: Quintus, der 14-jährige Sohn eines kleinen Landadligen nördlich von Rom, unterhält sich mit dem Sklaven Kirkos über die Situation auf dem Hof der Familie. Kirkos berichtet ihm über die Zerstörungen nach dem Sklavenaufstand des Spartacus (73–71 v. Chr.):

„Dein Großvater zog gegen Spartacus in den Krieg, er war Offizier, denn alle wurden gebraucht, um den Aufstand niederzuschlagen. In dieser Zeit war dein Vater allein verantwortlich für den Wiederaufbau des Hofes. Vielleicht machte er da auch Fehler. Auf jeden Fall wurde alles schöner als vorher. Das Wohnhaus erhielt damals noch ein zweites Stockwerk. Und das Bad bekam eine Fußbodenheizung. In einigen Räumen wurden die Wände bemalt. Zwei Maultiere, zwei Pferde, fünf Knechte und auch mehrere Hunde hatten wir damals!"

„Und du … warst der Aufseher?"

„Jaja … Aber bald mussten wir alles wieder verkaufen und die Knechte entlassen. Jetzt haben wir nur noch ein Maultier und zwei Ziegen, auch ein paar Hühner und die Tauben. Sonst nichts mehr."

Quintus versuchte sich zu erinnern: In den vergangenen vier, fünf Jahren war das Personal immer weniger geworden. Es war ihm noch nicht aufgefallen. Nun aber wurde ihm der Niedergang des Besitzes bewusst und er rief fast zornig: „Ja aber – wie ist denn das alles gekommen?"

„Eine gute Frage! Es kann nicht allein mit dem Brand und den Überfällen vor zwanzig Jahren zu tun haben. Da sind auch andere überfallen worden, größere Höfe. Die Großen konnten es besser verkraften. Die Kleinen waren zum Sterben verdammt."

„Zum Sterben?" Quintus starrte Kirkos fassungslos an.

„Du siehst doch selbst, wie ich das meine. Guck dir doch nur hier den Schuppen an! Mit der Hand voll halb kaputter Ziegel soll ich … Aber lassen wir das. Also, die Großen, musst du wissen, das sind Leute, die besitzen Ländereien bis zur Küste des Meeres und bis zum Gebirge im Osten …" Er beschrieb mit der Rechten einen großen Bogen dazu. „Diese Reichen können ihre Erzeugnisse einfach billiger verkaufen als wir und viele andere, weil sie sich Unmengen von Sklaven kaufen können, die sie fast ohne Entgelt auf den Feldern und in ihren Werkstätten arbeiten lassen."

„Woher haben sie das Geld?"

„Woher? … Du stellst Fragen! Also, meistens sind das überhaupt keine Bauern. Das sind römische Senatoren oder römische Ritter, die den Reichtum, den sie in den letzten Kriegen gesammelt haben, in Land anlegen …"

„In Land und in Sklaven!"

„Ich sehe, du kannst folgen." Kirkos spuckte auf den Boden. „Und damit drücken sie die Preise."

„Warum das denn? Sie könnten die Preise doch höher halten und so mehr verdienen."

Kirkos schaute ihn scharf an, nickte und erklärte: „Du solltest Kaufmann werden!" Er zwickte sich wieder in seine fleischige Nase. „Sie sind gezwungen, die Preise für ihre Erzeugnisse so niedrig wie möglich zu halten, denn es gibt noch Reichere, die noch viel größere Ländereien in Sicilia, in Süditalien und im östlich gelegenen Asia haben. Sie beherrschen den gesamten Getreidehandel, so hat's mir mal dein Großvater erzählt. Und auch den Preis der Oliven bestimmen sie, sie können halt ihre Ware noch preiswerter verkaufen."

Quintus überlegte. So war das also: Die Großgrundbesitzer in Sicilia und andernorts bestimmten die Preise, weil sie keine Konkurrenz zu fürchten hatten. Die italienischen Landbesitzer mussten sich ihrem Diktat fügen, konnten aber mithalten, weil sie genügend Geld besaßen, um sich Sklaven zu kaufen, deren Arbeit nicht bezahlt wurde. Bauern konnten das nicht. Wenn dazu noch andere Katastrophen kamen, wie Plünderung oder Raub der Ernte, dann – aber da war noch etwas unklar: „Soweit habe ich das verstanden, Kirkos. Aber dann könnten wir doch auch mit den Preisen heruntergehen, und wir würden mehr verkaufen!"

„Siehst du, da ist der Haken!" Kirkos reckte sich und seufzte. „Ich sagte dir ja schon, die Großen konnten die Plündereien besser verkraften als die mittleren Bauern. Denn dein Vater musste teure Kredite aufnehmen, um Steine, Kalk, Sand, Holz, Ziegel, Pferde, Hühner, Ziegen und natürlich auch Werkzeug und Saatgetreide kaufen zu können."

Zit. n. Hans Dieter Stöver, Quintus geht nach Rom, München (dtv) 2003, S. 16–19. Bearb. d. Verf.

© 2009 Cornelsen Verlag, Berlin. Alle Rechte vorbehalten.

Arbeitsaufträge:

1 Arbeite aus dem Text die Gründe heraus, weshalb es Quintus' Familie wirtschaftlich schlecht geht.

2 Erkläre, wodurch die patrizischen Großgrundbesitzer und Ritter von der Krise profitierten.

3 a) Überlege, was die Politiker hätten unternehmen können, um die Lage der Bauern abzumildern.

b) Nenne mögliche Gründe, weshalb sie aber nur wenig in diese Richtung unternahmen.

Förderbogen 8

Zum erfolgreichen Bearbeiten dieses Förderbogens solltest du noch einmal folgende Seite(n) im Buch aufmerksam lesen: **S. 116**

M1 Der Niedergang der römischen Republik

Der Geschichtsschreiber Sallust (86–35 v. Chr.) schrieb:

Im Übrigen war die Unsitte, dass es politische Parteien und Cliquen mit all den üblen Begleiterscheinungen gab, erst vor wenigen Jahren in Rom aufgekommen, und zwar infolge der Friedenszeit und des Überflusses an allen Dingen, die die Menschen für besonders wichtig erachten. Denn bis zur Zerstörung Karthagos verwalteten Volk und Senat von Rom miteinander die Republik auf friedliche und maßvolle Weise, und es gab keinen Wettstreit um Ruhm oder die Herrschaft über andere. Furcht vor dem Feinde hielt die Bürgerschaft bei guten Sitten.

Sowie aber diese Furcht aufhörte, da freilich begann leider das, was gute Zeiten gerne mit sich bringen: Zügellosigkeit und Übermut ... Denn die Nobilität begann ihr Ansehen, das Volk seine Freiheit zu missbrauchen; jeder nahm, raffte und raubte für sich, was er wollte. So wurde alles in zwei Parteien gespalten, und die Republik, die in der Mitte lag, auseinander gerissen. Dabei konnte sich die Nobilität durch ihren Zusammenschluss besser durchsetzen; die Macht des Volkes aber, die wegen der großen Menge locker und zerstreut war, vermochte weniger. Nach dem Willen von wenigen Leuten wurde Außen- und Innenpolitik gemacht. In den Händen dieser Leute lagen auch Staatsschatz, Provinzen, Ämter, Ruhmestitel und Triumphe. Das Volk hatte unter Kriegsdienst und Not zu leiden. Die Beute in den Feldzügen teilten sich die Feldherren gierig mit einigen Freunden. Inzwischen wurden die Eltern oder die jungen Kinder der Soldaten von ihren Höfen vertrieben, wenn diese an einen mächtigen Nachbarn grenzten.

So kam mit diesem Machtanspruch der Nobilität Habsucht ohne Maß und Grenzen auf, beschmutzte und verwüstete alles, kannte nichts Hohes noch Heiliges mehr; schließlich richtete sie sich selbst zu Grunde. Denn sowie sich in der Nobilität Männer fanden, die wahren Ruhm ungerechter Macht vorzogen, geriet die Bürgerschaft in Bewegung, und es entstand eine Spaltung der Bürger, ähnlich einem Erdbeben.

Sallust, Krieg gegen Jugurtha 41. Übers. des Verf.

© 2009 Cornelsen Verlag, Berlin. Alle Rechte vorbehalten.

Arbeitsaufträge:

1 Erkläre, was sich nach Sallust in der römischen Republik verändert hat. Trage dazu die Tabelle in dein Heft ein:

Politik	Wirtschaft	Gesellschaft

2 Ermittle den Zeitpunkt, von dem an für Sallust der Niedergang der Republik beginnt.

3 Nenne die Gründe, die Sallust für die Veränderung anführt.

Rom – vom Stadtstaat zur Weltmacht

1 Erkläre den Begriff „Mythos“ allgemein und gib den Mythos der Gründung Roms wieder.

2 Sind die folgenden Aussagen wahr oder falsch? Trage in der Tabelle ein.

	Aussagen	**wahr**	**falsch**
1.	Die Stadt Rom wurde um 600 v. Chr. von den Etruskern errichtet.		
2.	Zur römischen „familia“ gehörten neben den leiblichen Verwandten die Sklaven.		
3.	Im Alter von 40 Jahren löste der älteste Sohn den Vater als „pater familias“ ab.		
4.	Die Religion spielte nur im Privaten eine Rolle; sie hatte daher keinen Einfluss auf politische Entscheidungen.		
5.	Die Magistrate wurden auf die Dauer von vier Jahren gewählt.		
6.	Außer für den Diktator galt für alle römischen Beamten das Prinzip der Kollegialität, d. h. alle Ämter waren mindestens doppelt besetzt.		
7.	Der Senat bestimmte die Leitlinien der römischen Politik.		
8.	Frauen besaßen mit der „concilia feminarum“ eine eigene Volksversammlung.		
9.	Gegenüber besiegten Gegnern verfuhren die Römer unterschiedlich: Manche wurden zu Bundesgenossen erklärt, andere nahezu vernichtet.		
10.	Um die Zeitenwende beherrschte Rom alle Gebiete rund um das Mittelmeer sowie große Teile West- und Südeuropas sowie Kleinasiens.		
11.	Die Reform der Gracchen scheiterte am Widerstand der Senatoren und Ritter.		
12.	Julius Caesar wurde ermordet, weil er zu viel persönliche Macht erlangte.		

3 Erläutere die drei Meinungen in M1 und vergleiche sie.

M1 Roms Verhalten in der Kritik

Der griechische Geschichtsschreiber Polybios (um 200–120 v. Chr.) berichtete über unterschiedliche Meinungen zur Zerstörung Karthagos (146 v. Chr.):

Manche billigten das Verhalten der Römer: Sie hätten klug und verständig ihre Machtinteressen wahrgenommen. Dass sie der ständigen Bedrohung ein Ende machten und die Stadt, die ihnen so oft ihre Vorherrschaft streitig gemacht hatte und sie ihnen immer noch ... streitig machen konnte, vernichteten und damit die Herrschaft Roms sicherten, zeuge von politischer Vernunft und Weitblick.

Andere nahmen den entgegengesetzten Standpunkt ein: Sie [die Römer] hätten nicht an den Grundsätzen festgehalten, mit denen sie ihre Vorherrschaft errungen hätten, und seien mehr und mehr zu der Herrschsucht der Athener und Spartaner entartet ... Früher hätten sie mit allen nur so lange Krieg geführt, bis sie den Gegner besiegt und zu dem Eingeständnis gebracht hätten, man müsse den Römern gehorchen und ihre Befehle befolgen. Jetzt aber hätten sie ... eine erste Probe ihrer eigentlichen Gesinnung gegeben; ... denn ohne ein unverzeihliches Unrecht von ihnen erlitten zu haben, seien sie hart und erbarmungslos mit den Karthagern verfahren, obwohl diese doch auf alles eingingen und es auf sich nehmen wollten, jedem römischen Befehl zu gehorchen ...

Wieder andere sagten, die Römer seien im Ganzen ein zivilisiertes Volk, nähmen für sich in Anspruch und rühmten sich, in dem ganzen Krieg gegen die Karthager seien sie immer nur mit Trug und List vorgegangen, indem sie Schritt für Schritt jedes Mal durch ein Angebot falsche Hoffnungen weckten, ihre wahren Absichten wohlweislich verwahrten.

Polybios XXXVI 9–10. Zit. nach H. Brauer, Roms Aufstieg zur Weltmacht, Paderborn 1971, S. 43 f.

4 Nimm begründet Stellung zu der Behauptung, dass die römische Republik Ende des 1. Jahrhunderts v. Chr. zwangsläufig zum Scheitern verurteilt war.

© 2009 Cornelsen Verlag, Berlin. Alle Rechte vorbehalten.

Förderbogen 1:

Datum	Ereignis	Erläuterung
um 1000 v. Chr.	Beginn der Besiedlung der Gegend um Rom	Die Grundlagen der späteren Millionenstadt Rom werden gelegt.
753 v. Chr.	sagenhaftes Gründungsdatum Roms	Dieses Datum wurde erst Jahrhunderte später nachträglich „erfunden", um die vornehme Abstammung der Römer zu belegen.
510 v. Chr.	Beginn der römischen Republik	Rom wird nun nicht mehr von Königen regiert, sondern Senat, Magistrate und Volksversammlung lenken die Geschicke der Stadt.
490–287 v. Chr.	Ständekämpfe in Rom	Die Plebejer ertrotzen sich von den Patriziern politische Rechte, bis sie z. B. auch Konsul werden können.
387 v. Chr.	Plünderung Roms durch die Kelten	Rom steht kurz vor dem Untergang, übersteht aber auch diese schwere Krise.
272 v. Chr.	Die ganze italienische Halbinsel steht unter der Kontrolle Roms.	Innerhalb Italiens gibt es nun keine feindlichen Völker und Stämme mehr.
264–241 v. Chr.	1. Punischer Krieg	Rom und Karthago messen erstmalig militärisch ihre Kräfte. Infolge des römischen Sieges wird u. a. Sizilien römische Provinz.
218–202 v. Chr.	2. Punischer Krieg	Hannibal fügt Rom schmerzliche Niederlagen bei, wird aber letztendlich doch von Scipio Africanus besiegt.
149–146 v. Chr.	3. Punischer Krieg	Unter einem Vorwand erklärt Rom erneut Karthago den Krieg und vernichtet die Stadt endgültig. Damit ist der letzte große Widersacher im Mittelmeerraum ausgeschaltet.
133–121 v. Chr.	Reformversuche der Gracchen	Die beiden Brüder versuchten Agrarreformen, scheiterten aber am Widerstand vieler Senatoren und Ritter. Die Agrarkrise bleibt weiterhin bestehen.
133–31 v. Chr.	Zeitalter der Bürgerkriege in Rom	Über 100 Jahre bekämpfen sich nun Gruppierungen innerhalb des römischen Staates. Diese Auseinandersetzungen gehen so weit, dass römische Generäle mit Legionen auf Rom marschieren. Ein Ende ist erst mit dem Sieg des Augustus über seine innenpolitischen Gegner in Sicht.
44 v. Chr.	Ermordung Caesars	Der gnadenlose Feldherr sammelte für seine innenpolitischen Gegner zu viel persönliche Macht, so dass er praktisch die Rolle eines Königs innehatte – ein Bruch mit der republikanischen Ordnung, den Caesar mit dem Tod bezahlte.
27 v. Chr.	Ende der römischen Republik	Augustus stellt nach außen hin die Republik wieder her. Tatsächlich beginnt mit seiner Herrschaft nun die Zeit des Prinzipats.

© 2009 Cornelsen Verlag, Berlin. Alle Rechte vorbehalten.

Förderbogen 2: Das Lösungswort lautet: P a t e r f a m i l i a s.

Förderbogen 3:
1

	Polis Athen	Römische Republik
Wer besitzt politische Rechte?	Männliche Bürger über 18 Jahre	Männliche Bürger über 16 Jahre
Wer besitzt die größte politische Macht?	Die Volksversammlung	Der Senat und die von ihm beeinflussten Magistrate
Wer ist das Staatsoberhaupt und wie lange ist seine Amtszeit?	Jeden Tag ein anderes Mitglied des Rates der 500	Zwei Konsuln, die gemeinsam ein Jahr lang regieren
Wie wird die Regierung gebildet?	Durch Los	Durch Wahl in der Volksversammlung
Wo und wie werden politische Entscheidungen getroffen?	In der Volksversammlung durch Mehrheitsentscheidungen mit vorhergehender Diskussion	Theoretisch in der Volksversammlung durch Mehrheitsentscheidungen ohne vorhergehende Diskussion. Praktisch bestimmt der Senat die Richtlinien der Politik.
Wer schlägt Gesetze vor und wer beschließt die Gesetze?	In der Volksversammlung werden Anträge gestellt, der Rat der 500 formuliert die Beschlussvorlagen; die Volksversammlung entscheidet über die Gesetze.	Vorgeschlagen werden die Gesetze in der Volksversammlung meist durch Magistrate; die Volksversammlung entscheidet über die Gesetze.

2 wahr: 2, 3, 5, 6, 7; falsch: 1, 4

3 Die Senatoren wurden auf Lebenszeit von den Zensoren aus dem Kreis der ehemaligen Magistrate ausgewählt. Die Amtsdauer der Magistrate betrug immer nur ein Jahr; der Diktator amtierte sogar nur ein halbes Jahr.

Förderbogen 4:

1 Für die Lösung können die Karten im Schülerbuch auf den Seiten 108 und 111 zu Hilfe genommen werden.

2 Siehe Aufgabe 1.

3

Eroberung bis	**Damaliger Name der Provinz**	**Sie liegt heute in ...**
200 v. Chr.	Sicilia	Italien
	Corsica	Frankreich
	Sardinia	Italien
bis 133 v. Chr.	Hispania Citerior / Hispania Ulterior	Spanien
	Gallia Cisalpina	Italien
	Africa	Tunesien
	Macedonia	Mazedonien, Griechenland
	Achaia	Griechenland
	Hispania	Spanien & Portugal
bis 44 v. Chr.	Asia	Türkei
	Narbonensis	Frankreich
	Phrygia	Türkei
	Cyrenaica	Libyen
	Cilicia	Türkei
	Creta	Griechenland
	Bithynia et Pontus	Türkei
	Syria	Syrien
	Cyprus	Zypern
	Gallia	Frankreich, Deutschland, Schweiz
	Numidia	Tunesien, Algerien
	Illyricum	Nachfolgestaaten Jugoslawiens
bis 14 n. Chr.	Aegyptus	Ägypten
	Moesia	Serbien, Bulgarien, Rumänien
	Galatia	Türkei
	Raetia	Schweiz, Deutschland, Österreich
	Noricum und Pannonia	Österreich, Deutschland, Ungarn, Slowenien
	Judäa	Israel

© 2009 Cornelsen Verlag, Berlin. Alle Rechte vorbehalten.

Förderbogen 5:

Kriterien	1. Punischer Krieg (264–241 v. Chr.)	2. Punischer Krieg (218–202 v. Chr.)	3. Punischer Krieg (149–146 v. Chr.)
Ursachen	Konkurrenz in Süditalien und Sizilien	Karthago breitet sich in Spanien aus und sichert sich dort wertvolle Silbergruben.	Siehe Folgen des 2. Punischen Krieges
Anlässe	Streit zwischen Messena und Syrakus. Messena bittet Rom und Karthago um Hilfe.	Karthago zerstört die (angeblich mit Rom verbündete) Stadt Sagunt.	Karthago verteidigt sich gegen einen Angriff <u>ohne</u> die Erlaubnis Roms.
Ziele der Römer	Rom wollte ganz Unteritalien und Sizilien kontrollieren.	Zurückdrängen des karthagischen Einflusses in Spanien	Endgültige Vernichtung Karthagos
Ziele der Karthager	Karthago betrachtete Sizilien als eigenes Einflussgebiet und wollte die Kontrolle behalten.	Behauptung der eigenen Machtstellung in Spanien und Schwächung Roms	Verteidigung ihrer Stadt
Ergebnisse	Sieg Roms	Sieg Roms trotz mehrerer Niederlagen	Sieg Roms
Folgen	Karthago muss Sizilien Rom überlassen (→ erste römische Provinz) und 80 Tonnen Silber zahlen.	Karthago muss hohe Entschädigungen an Rom zahlen und darf nur noch mit Genehmigung Roms Kriege führen. Spanische Gebiete Karthagos fallen an Rom.	Völlige Zerstörung Karthagos. Karthagische Gebiete in Nordafrika wurden römische Provinz. Überlebende Karthager wurden Sklaven.

Förderbogen 6:

1 Es sei die Bestimmung der Römer, die Welt hart, aber gerecht zu regieren. Kriege seien notwendig, um den Widerstand gegen diese Vorherrschaft zu brechen.

2 Aristides zeichnet ein äußerst wohlwollendes Bild der römischen Herrschaft: Die Römer verhielten sich trotz aller militärischen und politischen Stärke menschlich, sodass kein Hass gegen sie aufkommen könne. Allen sozialen Schichtungen, egal ob arm oder reich, ginge es unter Roms Herrschaft besser. Rom ermögliche den besiegten Gegnern sogar, an der Herrschaft teilzunehmen. Was Aristides hingegen verschweigt, sind die Grundlagen der römischen Herrschaft: Unzählige Kriege, unter denen sowohl die eigenen Soldaten wie auch die meisten Römer und insbesondere die gegnerische Zivilbevölkerung zu leiden hatten.

3 Der namentlich nicht genannte und eventuell von Tacitus erfundene Häuptling weist den Römern äußerst negative Charaktereigenschaften zu: Sie seien noch „feindlicher als die Natur", besäßen einen „überheblichen Machtanspruch" und seien „habgierig", was sie zu „Räuber(n) des Erdkreises" mache. Und ähnlich wie Verbrecher bestehe ihre Herrschaft aus „Stehlen, Töten, Rauben". Ihre Gier mache weder vor Arm noch Reich Halt, selbst blinder Gehorsam und Unterwerfung schütze die anderen Völker nicht. Die Römer pressten eroberte Länder aus, sodass unter ihrem „Frieden" lediglich eine „Wüste" zurückbleibe.

© 2009 Cornelsen Verlag, Berlin. Alle Rechte vorbehalten.

Förderbogen 7:

1 Zerstörungen und Plünderungen infolge Sklavenaufstandes des Spartacus (73–71 v. Chr.) – eigene Fehler beim Wiederaufbau – Preisdumping durch die Großgrundbesitzer in Italien und vor allem in den Provinzen, die massenhaft billige Sklaven einsetzen können.

2 Die Großgrundbesitzer in Italien und insbesondere in den „Kornkammern" des Römischen Reiches (Sizilien, Nordafrika, Kleinasien) konnten auf ihren riesigen Ländereien erheblich günstiger als die kleinen Bauern in Italien wirtschaften, zumal sie die Arbeiten von teilweise hochqualifizierten Sklaven verrichten ließen, die nur geringe Kosten verursachten. Durch die massenhafte Landflucht im ersten Jahrhundert v. Chr. vergrößerten sich die Probleme noch, weil die Großgrundbesitzer sehr günstig das Land der verarmten Bauern kaufen konnten.

3 **a)** Individuelle Lösungen

b) Wie die Reformversuche der Gracchen zeigten, hatten die Senatoren und Ritter in Rom nur wenig Interesse an einer Änderung der Verhältnisse: Als Großgrundbesitzer profitieren sie selbst am meisten von der Krise, weswegen sie sich jeder Veränderung der Eigentumsverhältnisse widersetzten.

Förderbogen 8:

1

Politik	Wirtschaft	Gesellschaft
• Es gibt politische Parteien und Cliquen • Innen- und Außenpolitik ist nur noch die Sache von wenigen, nicht mehr die des Volkes und des Senates	• Beute aus Kriegszügen fällt nicht mehr an den Staat, sondern an Feldherren und deren Freunde • Vertreibung von verarmten Bauern	• Wettstreit um Ruhm und Herrschaft über andere • Zügellosigkeit, Übermut, „Habsucht ohne Maß und Grenzen" • Missbrauch von Befugnissen und Rechten • Ende der Einheit und Spaltung in gegensätzliche Gruppierungen

2 Den Beginn dieser Fehlentwicklung datiert Sallust auf das Ende des 3. Punischen Krieges (146 v. Chr.), als mit der endgültigen Vernichtung Karthagos der letzte ernstzunehmende außenpolitische Gegner ausgeschaltet war.
3 Die Nobilität fühlte sich nicht mehr wie früher für das Gemeinwesen, die res publica, zuständig, sondern war nur noch an persönlichen Vorteilen, Macht, Ämtern, Ruhmestiteln und Triumphen interessiert. Zwei neu entstehende politische Lager, die Optimaten und die Popularen, hätten die Republik zwischen sich zerrieben oder wie Sallust es ausdrückt: auseinandergerissen. Aber nicht nur die verantwortlichen Politiker, sondern auch das gesamte Volk sei dekadent und habgierig geworden.

Lernerfolg:

1 Ein Mythos ist eine Erzählung, in der wahre und erfundene Ereignisse verknüpft sind. Zum Gründungsmythos Roms siehe im Schülerbuch S. 103, M2
2 Wahr: 2, 4, 7, 8, 10, 11, 12, 13; falsch: 1, 3, 5, 6, 9.
3 Die erste Meinung, die Polybios wiedergibt, stellt die Römer als vernünftige Herrscher dar, die sich lediglich gegen den Aggressor Karthago gewehrt haben. Die zweite Meinung sieht die Römer als Aggressoren, die „erbarmungslos" ihre Gegner bekämpfen. Die dritte Meinung schreibt den Römern ein geschicktes Taktieren in Verhandlungen zu, durch die sie die Karthager besiegen konnten.
4 Individuelle Lösung, die aber folgende Fakten berücksichtigen sollte:
- Die Struktur der römischen Republik, die ursprünglich für einen Stadtstaat konzipiert war, war für ein Weltreich nur bedingt übertragbar.
- Zwangsläufig ist die Republik aber nicht untergegangen, sondern sie ist von machtbesessenen und ehrgeizigen Männern zu Grunde gerichtet worden, die mehr auf ihren persönlichen Vorteil, ihren Ruhm und ihre Ehre achteten, als wie in früheren Zeiten an der „res publica", dem Gemeinwohl, interessiert zu sein.

© 2009 Cornelsen Verlag, Berlin. Alle Rechte vorbehalten.

3. Antike Lebenswelten – Griechen und Römer

3.3 Lebenswelt Imperium Romanum

Ich kann, weiß, verstehe ...	Sehr sicher	Sicher	Unsicher	Sehr unsicher	Hilfen finde ich hier:
1 Ich kann folgende Begriffe erklären: **a)** Pax Romana					S. 122, 132
b) Romanisierung der Provinzen					S. 132,134–137
c) Limes					S. 135
2 Ich weiß, wie Octavian/Augustus an die Macht kam und wie er sich den Erhalt der Macht dauerhaft sicherte.					S. 121–123
3 Ich kann die Frage diskutieren, ob Augustus die Republik wiederhergestellt oder sie endgültig beseitigt hat.					S. 121–123
4 a) Ich kenne die Propaganda des Augustus und					S. 121–123 Förderbogen 1
b) ich kann sie beurteilen.					
5 Ich kenne Gründe, weshalb im Römischen Reich Spiele wie Wagenrennen oder Gladiatorenkämpfe veranstaltet wurden.					S. 124 Förderbogen 2
6 Ich weiß, warum Rom schon in der Antike „Haupt der Welt" genannt wurde.					S. 126
7 Ich kenne die Lebensverhältnisse **a)** des Großteils der Einwohner Roms,					S. 126–127, 130–131 Förderbogen 3
b) von Adligen auf dem Land und					
c) kann sie vergleichen.					
8 a) Ich weiß, dass zahlreiche handwerkliche Berufe bei den höhergestellten Römern kein hohes Ansehen genossen und					S. 128–129 Förderbogen 4
b) ich kann die zeitgenössische Argumentation nachvollziehen.					
9 a) Ich kenne die Bedeutung des Wassers in der Metropole Rom und					S. 130–131
b) ich kann die technischen Leistungen zur Wasserversorgung beurteilen.					
10 a) Ich kenne die Herrschaftsziele der römischen Kaiser im Imperium Romanum,					S. 132–135
b) ich kenne die Methoden, wie diese Ziele umgesetzt werden sollten, und					
c) ich kann Ziele sowie Methoden beurteilen.					
11 Ich kenne den Aufbau und die Ausrüstung der kaiserzeitlichen Armee sowie den Alltag der einfachen Soldaten.					S. 133–135 Förderbogen 5
12 Ich kenne die bis heute spürbaren Folgen der Romanisierung.					S. 134
13 Ich weiß, welche Regionen Deutschlands im römischen Gebiet lagen.					S. 135 Förderbogen 6
14 Ich kenne Parallelen zwischen römischen Provinzstädten (z. B. Xanten oder Köln) und Rom und kann diese erläutern.					S. 127,136–137
15 Ich kann die Wirtschaftskrise des Römischen Reiches in der Spätantike beschreiben.					S. 138
16 Ich kenne die Ursachen, die zum Untergang des (West-)Römischen Reiches 476 n. Chr. führten.					S. 138–139
17 Ich kann eine Mindmap entwerfen, d. h. ich kann mein Wissen strukturieren und visualisieren.					S. 140

© 2009 Cornelsen Verlag, Berlin. Alle Rechte vorbehalten.

Förderbogen 1

Zum erfolgreichen Bearbeiten dieses Förderbogens solltest du noch einmal folgende Seite(n) im Buch aufmerksam lesen: **S. 121 ff.**

In seiner Autobiographie berichtet Augustus, wie besiegte Völker ihm verlorene römische Feldzeichen zurückgaben. Mit dieser Szene ist auch der Brustpanzer seiner berühmten Marmorstatue geschmückt.

M1 Aus dem Tatenbericht des Augustus:

Mehrere Feldzeichen, durch andere besiegte Feldherren verloren, habe ich von den Feinden zurückgeholt aus Hispania, Gallien und von den Dalmatiern. Die Parther habe ich gezwungen, dass sie mir von dreien römischen Heeren die Beute und Feldzeichen zurückgeben[1] und demütig flehend um die Freundschaft des römischen Volkes bitten. Und diese Feldzeichen habe ich im Allerheiligsten, welches ist im Tempel des Mars Ultor[2], aufgestellt.

Zit. nach Augustus, Meine Taten, München (Artemis) 1989, S. 37 f.

[1] Diese Feldzeichen hatte der Feldherr Crassus im Jahr 53 v. Chr. nach einer Niederlage an die Parther verloren. Im Jahr 20 v. Chr. wurden sie kampflos an die Römer zurückgegeben. [2] Gott des Krieges

M2 Darstellung auf dem Brustpanzer der Monumentalstatue des Augustus, vereinfachte Zeichnung (vgl. die Statue, Buch S. 121)

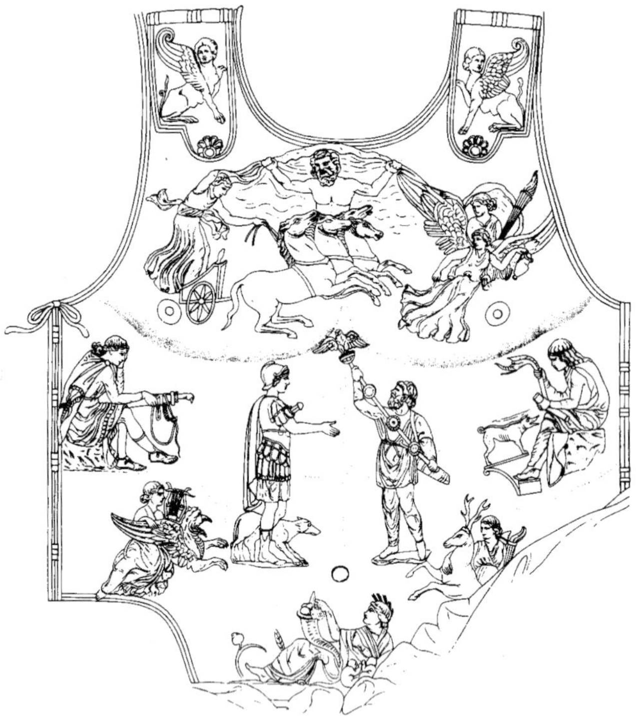

Erläuterung zu der Darstellung:

Mittelszene: Ein „Barbar“ (rechts) übergibt einem römischen Feldherrn (links) ein römisches Feldzeichen. Der Blick des Barbaren ist auf den Legionsadler gerichtet, der sich genau in der Mitte des Panzers, an der Herzgrube des Augustus, befindet.
Oberes Bild: In der Mitte thront der Himmelsgott Caelus, links ist der Sonnengott Sol dargestellt, rechts die beiden Gottheiten Luna mit Fackel und Aurora mit dem Krug des Morgentaus, die den Aufgang das neuen goldenen Zeitalter ankündigen.
Unteres Bild: Die liegende Frauengestalt stellt die Erdmutter dar. Sie verkörpert die Fruchtbarkeit und Lebensfülle des goldenen Zeitalters.
Die Einrahmung zwischen Himmel und Erde hebt die Mittelszene hervor. Über der Erdmutter sieht man die Schutzgötter des Augustus, Apollo (links) und Diana (rechts). Zu beiden Seiten der Feldzeichenübergabe sind Frauengestalten in trauernder Haltung dargestellt, Verkörperungen der unterworfenen Völker.

© 2009 Cornelsen Verlag, Berlin. Alle Rechte vorbehalten.

Arbeitsaufträge:

1 Beschreibe, mit welchen Attributen der Künstler die Personen in M2 ausgestattet hat, damit man sie erkennt: den römischen Feldherrn, den „Barbaren“, Caelus, Sol, die Erdmutter, Apollo und Diana.

2 Erkläre, was der Künstler ausdrücken wollte, als er die Rückgabe der Feldzeichen so deutlich ins Zentrum des Brustpanzers rückte, und weshalb sich Augustus mit diesem Brustpanzer darstellen ließ.

Förderbogen 2

Zum erfolgreichen Bearbeiten dieses Förderbogens solltest du noch einmal folgende Seite(n) im Buch aufmerksam lesen: **S. 124**

M1 Was für Spiele fanden im römischen Kolosseum statt?

Die beiden Jugendlichen, Livia und Titus, kommen auf ihrem Spaziergang durch Rom am Kolosseum vorbei, einem riesigen ovalen Gebäude mit offenen Dach, Zuschauertribünen und einer großen Arena.

„Die Spiele hier, im Amphitheater, sind die beliebtesten", sagt Livia. „Früher hatten sie etwas mit Religion zu tun, aber heute sind sie nur noch Sensation und Unterhaltung."

„Find ich unmöglich", sagt Titus, „wenn – wie ja in den meisten Fällen – Sklaven oder Kriegsgefangene als Gladiatoren ausgebildet werden, damit sie mit Schwertern, Schilden, Netzen oder dem Dreizack aufeinander losgehen."

„Aber es gibt doch auch Kämpfe, wo nur Tiere gegeneinander kämpfen: Bären, Stiere, Tiger, Löwen?"

„Und was ist mit den zum Tode verurteilten Männern, die gegen wilde Tiere antreten müssen?", fragt Titus. Livia konnte nicht viel dagegen einwenden. „Aber viele Gladiatoren sind durch Siegprämien reich geworden. Du kennst doch Gladiator Flamma. Er hat schon 33-mal gekämpft. Und überleg doch mal: Wenn ein Kaiser oder Senator die hohen Kosten für die Ausbildung eines Gladiators aufbringt, wird er sich überlegen, ob er ihn, wenn er um Gnade fleht, dem Tode preisgibt – und den Daumen nach unten senkt."

(Verfassertext)

© 2009 Cornelsen Verlag, Berlin. Alle Rechte vorbehalten.

M2 Brot und Spiele – „Panem et circenses"

Spiele wie Wagenrennen oder Gladiatorenkämpfe gab es in Rom schon seit dem 4. und 3. Jahrhundert v. Chr. Sie wurden anfangs zur Ehre der Götter ausgerichtet. Je stärker allerdings Einzelpersönlichkeiten, vor allem Feldherren und später die Kaiser, die Politik bestimmten, desto häufiger wurden Spiele von diesen Personen veranstaltet. Sie wollten damit die Gunst des Volkes gewinnen. An Feiertagen fanden fast immer Spiele statt. Daher kann man an der steigenden Zahl der Feiertage die wachsende Bedeutung von Spielen ablesen: Am Ende der Republik gab es ca. 65 Feiertage, im 3. Jahrhundert n. Chr. fast dreimal so viele! Seit Augustus hatten nur die Kaiser das Vorrecht, außer der Reihe Spiele zu veranstalten. Sie erhofften sich dabei, dass die Bürger, wenn sie durch spannende Spiele abgelenkt waren, die Politik dem Kaiser, seinen Soldaten und Beamten überlassen würden. Mit Erfolg? Glaubt man dem römischen Schriftsteller Juvenal, interessierte die Römer tatsächlich in jener Zeit nichts so sehr wie „Brot und Spiele" (= lat. „panem et circenses").

(Verfassertext)

M3 Gladiatoren im Kampf, Detail eines Bodenmosaiks aus einer Villa bei Tuskulum/ Italien, 3. Jh. n. Chr.

Arbeitsaufträge:

1 Arbeite mithilfe von M1 die Merkmale römischer Gladiatorenkämpfe heraus.

2 Informiere dich über das römische Kolosseum. Nutze dazu ein Lexikon oder das Internet.

3 Untersuche mithilfe des Darstellungstextes (M2), wie sich der Zweck römischer Spiele verändert hat.

4 Zeige, inwieweit Spiele ein Mittel der Politik der römischen Kaiser waren.

Förderbogen 3

Zum erfolgreichen Bearbeiten dieses Förderbogens solltest du noch einmal folgende Seite(n) im Buch aufmerksam lesen: **S. 126–127, 130–131**

M1 Straßenszene in einer römischen Stadt, Foto aus dem Spielfilm „Die letzten Tage von Pompeji", 1960er-Jahre

M2 *Der Architekt und Ingenieur Vitruvius (exakte Lebensdaten unbekannt) schrieb zur Zeit des Augustus:*

Bei der gewaltigen Ausdehnung der Hauptstadt und der unermesslichen Zahl ihrer Bevölkerung besteht die Notwendigkeit, unzählige Wohnungen zu beschaffen. Da nun das vorhandene Baugelände bei einer ebenerdigen Bebauung nicht mehr dem Bedarf ... genügen kann, zwang die Not dazu, durch Errichtung höherer Gebäude Abhilfe zu schaffen. Da auf diese Weise der Umfang der Stadt durch die vielen Stockwerke sozusagen nach der Höhe hin vervielfacht wurde, verfügt die Bevölkerung Roms ohne irgendwelche Einschränkung über vortreffliche Wohnungen.

Vitruvius, Über die Baukunst, 2, 8, 17. Zit. nach Geschichte in Quellen, Bd. 1: Das Altertum, bearb. v. Walter Arend, München (bsv) 1965, S. 595.

M3 *Der römische Dichter und Satiriker Juvenal (um 60–127 n. Chr.) berichtete über das Wohnen in der Stadt:*

Unser Hausverwalter ist wahrlich erfinderisch. Wenn das Haus einzustürzen droht, übertüncht er die Risse, die sich seit langem gebildet haben, weiß und sagt, jetzt könnten wir beruhigt schlafen. Unterdessen droht dir das Dach über dem Kopf zusammenzustürzen. Leben müsste man dort, wo es keine Gefahr in der Nacht und keine Feuersbrünste gibt.

Zit. nach Freya Stephan-Kühn, Viel Spaß mit den Römern!, 3. Aufl., Würzburg (Arena) 1998, S. 134.

M4 *Der römische Dichter Martial (etwa 40 bis 103 n. Chr.) schrieb:*

Es gibt in Rom für einen Menschen keinen Ort zu denken und auszuruhen. Die Schulmeister machen ihm das Leben am Morgen unmöglich, nachts die Bäcker, die Hämmer der Kupferschmiede den ganzen Tag über. Hier klimpert der müßige Geldwechsler auf seinem schmutzigen Tisch mit seinem Kleingeld ... Die Anhänger der Göttin Bellona [Kriegsgöttin] geben nicht einen Moment Ruhe ... Nachts werde ich vom Lachen der Vorbeigehenden wach und Rom steht in meinem Schlafraum. Wann immer ich genug habe und erschöpft bin und schlafen will, gehe ich zu meinem Landhaus.

Vitruvius, Über die Baukunst, 2, 8, 17. Zit. nach Geschichte in Quellen, Bd. 1: Das Altertum, bearb. v. Walter Arend, München (bsv) 1965, S. 595.

© 2009 Cornelsen Verlag, Berlin. Alle Rechte vorbehalten.

Arbeitsaufträge:

1 Beschreibe das Leben in einer römischen Stadt (Foto). Ordne deine Befunde nach Bereichen: Arbeiten, Wohnen, Fortbewegen, Umwelt. Vergleiche mit dem Straßenleben heute.

2 Erläutere, wie die Autoren von M2 bis M4 die Wohnverhältnisse in Rom darstellen und erkläre, weshalb sich ihre Ansichten unterscheiden. Achte dabei auf die Berufe der Verfasser.

3 Welche Aussagen hältst du für glaubwürdiger? Begründe deine Meinung.

Förderbogen 4

Zum erfolgreichen Bearbeiten dieses Förderbogens solltest du noch einmal folgende Seite(n) im Buch aufmerksam lesen: **S. 128–129**

Bäcker	*Töpfer*	*Zimmermann*
Maurer	*Frisör*	*Textilhändler*
Metzger	*Lehrer*	*Schankwirt*
Schmied	*Arzt*	*Schuhmacher*

© 2009 Cornelsen Verlag, Berlin. Alle Rechte vorbehalten.

Arbeitsaufträge:

1 Betrachte die Bilder genau und beschreibe sie.

2 Finde heraus, welche der darunter genannten Berufe hier auch tatsächlich abgebildet sind. Fülle die Tabelle aus:

Beruf	Hilfsmittel, Werkzeuge, Waren

Förderbogen 5

Zum erfolgreichen Bearbeiten dieses Förderbogens solltest du noch einmal folgende Seite(n) im Buch aufmerksam lesen: **S. 133–135**

Zur Kaiserzeit bestand das römische Heer hauptsächlich aus Berufssoldaten. Jeder römische Bürger konnte im Heer dienen. Viele junge Männer verpflichteten sich für 20 Jahre. Bei ihrer Entlassung erhielten sie eine größere Geldsumme oder ein Stück Land. Die oberste militärische Einheit war die Legion. Sie bestand aus 4000 bis 6000 Soldaten, den Legionären, und einer Gruppe von 100 bis 200 Reitern.

M1 Römische Legionäre in der Comicserie „Asterix“

Arbeitsaufträge:

1 Vergleiche die Ausrüstung von Asterix, Obelix und den anderen angeworbenen Legionären mit der des römischen Legionärs in deinem Buch auf S. 133.

2 Beschreibe den Aufbau eines römischen Lagers.

3 Beurteile, wie wahrscheinlich die „Sonderlösung“ des römischen Legionärs auf dem letzen Bild war.

© 2009 Cornelsen Verlag, Berlin. Alle Rechte vorbehalten.

Förderbogen 6

Zum erfolgreichen Bearbeiten dieses Förderbogens solltest du noch einmal folgende Seite(n) im Buch aufmerksam lesen: **S. 135**

Die Germanen waren Bauern und Viehzüchter. Sie lebten auf Waldlichtungen und in offenen Flusstälern sowie auf gerodeten Plätzen. Ihre Häuser waren einfach. Häufig wohnten Mensch und Tier unter einem Dach. Verwandte Familien bildeten eine Sippe. Mehrere Sippen bildeten einen Stamm. Nur in seltenen Fällen, etwa bei einem Kriegszug gegen die Römer, verbündeten sich mehrere Stämme.

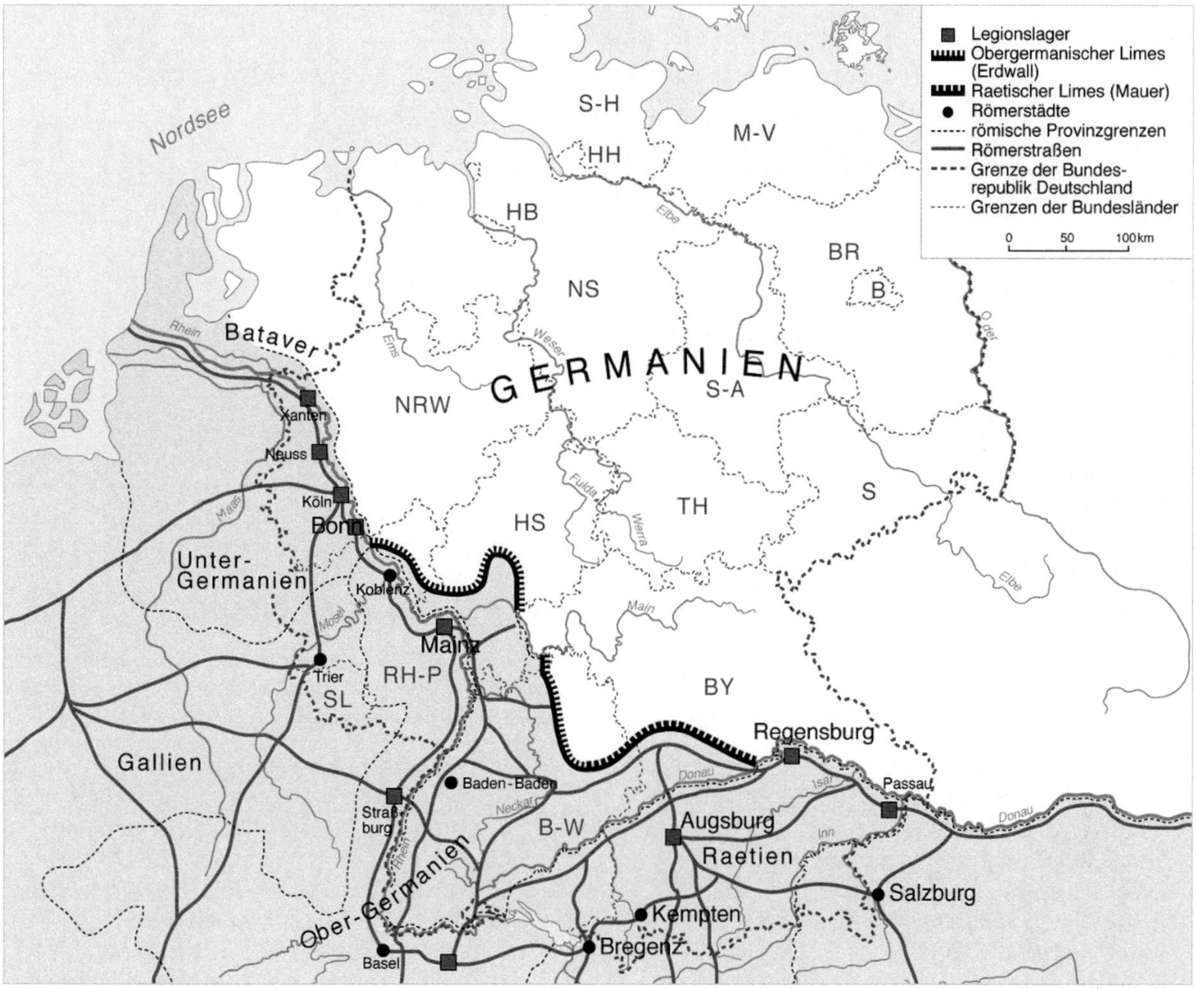

Arbeitsaufträge:

1 Ermittle zu den Abkürzungen in der Karte die Namen der 16 Bundesländer und schreibe sie in dein Heft. Hebe Nordrhein-Westfalen auf der Karte farblich hervor.

2 Die Römer hatten um Christi Geburt bereits mehrere germanische Stämme unterworfen. Schreibe die Namen der Bundesländer in dein Heft, die ganz oder teilweise auf ehemals römischem Gebiet liegen.

3 Trage die Namen einiger germanischer Stämme in die Karte ein (s. Bataver am Unterlauf des Rheins). Die Siedlungsgebiete hatten keine festen Grenzen. Daher reichen ungefähre Angaben. An der Küste zwischen Weser und Ijsselmeer lebten die Friesen; im nördlichen Sachsen-Anhalt und im Westen Brandenburgs die Semnonen; im südlichen Thüringen und in Sachsen die Hermundurer; in Niedersachsen westlich der Elbe die Langobarden; im mittleren Teil Niedersachsens östlich der Weser die Cherusker; im nördlichen Teil Hessens die Chatten; im nördlichen Bayern die Markomannnen und darunter die Teutonen; im Norden Nordrhein-Westfalens die Brukterer und im Süden die Sugambrer.

4 Notiere Unterschiede zwischen dem freien Germanien und den römischen Provinzen in dein Heft.

© 2009 Cornelsen Verlag, Berlin. Alle Rechte vorbehalten.

Förderbogen 7

Zum erfolgreichen Bearbeiten dieses Förderbogens solltest du noch einmal folgende Seite(n) im Buch aufmerksam lesen: **S. 126–127, 136–137**

M1 Cäsar plant im besiegten Gallien die Errichtung einer römischen Stadt, Illustration aus der Comicserie „Asterix“

© 2009 Cornelsen Verlag, Berlin. Alle Rechte vorbehalten.

M2 Ein Gallier richtet sich ein

Sidonius (um 431–486 n. Chr.), Senator und Gutsherr aus Lyon, beschrieb seine Villa:

Ich bin in Avitacum, so heißt das Landgut ... die Villa ist von Norden nach Süden angelegt. Das Bad im Südosten lehnt sich an einen mit Bäumen bestandenen Hügel an. Das Holz, das dort geschlagen wurde, kommt sozusagen von selbst zur Öffnung der Heizungsanlage. Dort erhebt sich die Halle mit dem Warmbad, anschließend der Kosmetikraum von gleichen Ausmaßen, wenn man nicht das Becken und den Mauervorsprung im Bad, wo das heiße Wasser aus gewundenen Rohren hervorsprudelt, in Rechnung zieht. Im Innern des Caldariums ist es taghell. Daran schließt sich das kalte Bad an, das so groß ist, dass die Diener nicht behindert werden, selbst wenn alle vorgesehenen Plätze besetzt sind. An den Wänden fehlen die sonst üblichen, etwas zweideutigen Badeszenen ... Auf der Ostseite des Hauses verläuft eine Säulenhalle. Vom Eingang aus erstreckt sich ein langer überdeckter Gang. Dessen äußerster Teil erweitert sich und bildet einen kühlen Raum, wo sich die geschwätzigen Dienerinnen und Wärterinnen aufhalten, wenn wir uns zur Ruhe zurückziehen ... Von dem Gang aus gelangt man zum Winteresszimmer, von da aus zum kleinen Speisezimmer, von wo man den ganzen vor dem Haus gelegenen See überblickt. Vom runden Speisesofa aus genießt man zwischen den Gängen des Mahles die schöne Aussicht. Man serviert Wein auf Eisstückchen ... Nach dem Essen kann man einen kühlen Raum aufsuchen, in dessen Vorraum die Schar der Diener Platz findet für ein Nickerchen ...

Apollinaris Sidonius, Epistula II, 2.

Arbeitsaufträge:

1 Vergleiche M1 mit dem Modell Roms in der Kaiserzeit (Buch, S. 126) und notiere die grundsätzlichen Gemeinsamkeiten in beiden Städten.

2 Erkläre, an welchem Vorbild sich Sidonius und seine Familie in ihrem Lebensstil orientieren (M2).

Rom – Lebenswelt Imperium Romanum

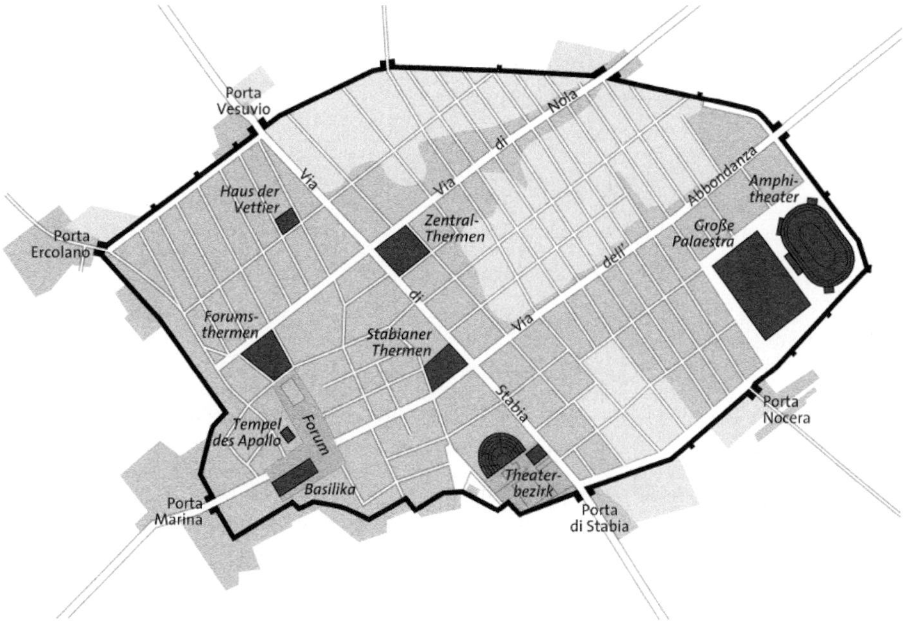

M1 Schematischer Grundriss Pompejis im 1. Jh. n. Chr.

© 2009 Cornelsen Verlag, Berlin. Alle Rechte vorbehalten.

1 Zeige anhand des schematischen Grundrisses, dass Pompeji mit öffentlichen Gebäuden ausgestattet war, die es auch in der Hauptstadt gab. Erläutere, warum die Regierung in Rom es förderte, dass überall im Reich „nach römischer Art“ gelebt wurde.

2 Sind die folgenden Aussagen wahr oder falsch? Trage in der Tabelle ein.

	Aussagen	wahr	falsch
1.	Augustus stand seinem Ziehvater Caesar an Ehrgeiz in nichts nach, war aber klug genug, die römische Republik zum Schein wiederherzustellen.		
2.	Unter dem Kaisertum des Augustus herrschte innerhalb des Römischen Reiches Frieden.		
3.	Den Besuch der Wagenrennen oder Gladiatorenkämpfe konnten sich in Rom nur wenige reiche Einwohner leisten.		
4.	In Rom lebten zur Kaiserzeit ungefähr 100 000 Menschen. Die meisten von ihnen konnten sich nur leisten, in einer Mietskaserne („insula“) zu wohnen.		
5.	Die Wasserversorgung Roms war ein technisches und organisatorisches Meisterstück. Das Wasser stammte aus bis zu 91 km entfernten Quellen.		
6.	Einen eigenen Wasseranschluss im Haus konnten sich in der Regel nur die vornehmen und reichen Römer leisten.		
7.	Im 2. Jahrhundert n. Chr. erreichte das Imperium Romanum seine größte Ausdehnung. In fast 40 Provinzen lebten 50 bis 60 Millionen Menschen.		
8.	Nichtrömische Soldaten, die in der römischen Armee lange Jahre gedient hatten, erhielten nach ihrem Ausscheiden das römische Bürgerrecht verliehen.		
9.	Unter „Romanisierung“ versteht man, dass innerhalb der Familie nur noch Latein gesprochen werden darf.		
10.	Die Grenze zwischen den römischen Provinzen und dem nichtbesetzten Germanien bildete eine 550 km lange Befestigungsanlage, der Limes.		

3 In Rom hieß es: „Gib dem Volk Brot und Spiele und du hast Ruhe.“ Erläutere diesen Ausspruch.

4 Nimm begründet Stellung zu der Behauptung: „Den germanischen Stämmen ging es nach ihrer Eroberung durch die Römer schlechter als vorher, weil sie nicht mehr frei waren.“

Förderbogen 1:

1 Römischer Feldherr: Panzer, Feldherrenmantel, Helm, Stiefel, Schwert; er wird auch als der römische Schutzgott Mars mit Wolfshund gedeutet.
„Barbar“: krauses Haar, Bart, lange Hosen und kurzer Leibrock.
Caelus: Der Himmelsgott spannt das Himmelsgewölbe wie ein Segel über sich aus.
Sol: Der Sonnengott sitzt im Sonnenwagen und treibt die vier Pferde an.
Erdmutter: Füllhorn, Ähre und Kranz, Mohnkapsel und zwei Kinder an ihrer Brust.
Apollo: Leier.
Diana: Köcher, Hirsch (Göttin der Jagd).

2 Die Rückgabe der Feldzeichen sollte dem Betrachter direkt ins Auge fallen; nicht nur, um Augustus' militärische Überlegenheit gegenüber den Parthern zu demonstrieren, sondern vor allem, um zu zeigen, dass Augustus in der Lage war, zurückliegende Schmähungen Roms auszutilgen und so die alte Ordnung wiederherzustellen. Augustus ließ sich natürlich gerne so darstellen, weil er wusste, wie sehr sich die Römer seit Jahrzehnten nach Ruhe und Ordnung sehnten.

Förderbogen 2:

1 Merkmale: Kämpfe besonders ausgebildeter Männer, die mit verschiedenen Waffen auf Leben und Tod gegeneinander kämpften.

2 Für die Recherche können z. B. folgende Internetseiten genutzt werden: Wikipedia, http://lexikon.meyers.de.

3 Ursprünglich besaßen die Spiele noch religiösen Charakter, aber insbesondere zur Kaiserzeit sollten sie politische und soziale Konflikte überdecken, indem sie die Bevölkerung unterhielten. Da während der Spiele auch oft Geschenke an das Publikum verteilt wurden, konnten sich die Ausrichter der Spiele – beispielsweise die Kaiser – der Bevölkerung als Wohltäter präsentieren.

4 Die Unterhaltung der Bevölkerung sollte diese von ihren alltäglichen Sorgen ablenken. Die Tage, an denen Spiele ausgerichtet wurden, waren Feiertage, an denen die Menschen nicht zu arbeiten brauchten. Zugleich dienten die Spiele auch als „Stimmungsbarometer“, wie sich die Besucher der Kampfarenen beim Erscheinen des Ausrichters verhielten.

Förderbogen 3:

1 Wohn- und Arbeitsstätten sind räumlich oft nicht getrennt. Man bewegt sich zu Fuß durch die Stadt oder reitet auf einem Pferd. Tiere dienen als Transportmittel für Waren. Neben den „normalen“ Gebäuden befinden sich dort auch Repräsentativ- und Sakralbauten (vgl. Tor und Tempel im Hintergrund).

2 Vitruvius: Die Bevölkerung Roms, die rasant angewachsen war, lebt hervorragend in den mehrstöckigen Mietskasernen.
Juvenal: Die von Vitrivius so gelobten mehrstöckigen Häuser drohen jederzeit einzustürzen, wogegen allerdings nichts unternommen werde.
Martial: Der Lärm in der Stadt Rom ist unerträglich: Zu jeder Tageszeit sorge jemand anderes dafür, dass diejenigen, die es sich leisten können, Ruhe und Erholung auf ihren Landhäusern außerhalb der Stadt suchen.
Ihre Berichte unterscheiden sich, weil die Autoren unterschiedliche Interessen vertreten: Als Architekt muss Vitruvius natürlich die positiven Seiten seiner eigenen Arbeit hervorheben. Juvenual und zum Teil auch Martial haben es sich als Dichter zum Ziel gemacht, durch Übertreibungen und Ironie auf Missstände hinzuweisen.

3 Die Wahrheit dürfte in allen drei Aussagen stecken: Ohne die Mietskasernen hätten die Menschenmassen nicht in Rom leben können, was natürlich dafür sorgte, dass die Häuser oftmals zu schnell und daher schlecht konstruiert und gepflegt waren. Und Erholung findet man heutzutage schließlich auch kaum an der Hauptverkehrsstraße einer Großstadt, sondern eher außerhalb der Metropolen.

© 2009 Cornelsen Verlag, Berlin. Alle Rechte vorbehalten.

Förderbogen 4:

1 1: Schankwirt mit Krügen und Bechern; 2: Arzt mit Büchern und Medizinschrank; 3: Schuhmacher mit Leisten für Schuhe und Schusterhammer; 4: Textilhändler mit Tuchrollen; 5: Maurer mit Mörtel, Steinen und Mörtelkelle; 6: Schmied mit Feuerstelle und Blasebalg, Zange und Hammer.

2 Siehe Aufgabe 1.

Förderbogen 5:

1 Der Zeichner der Asterixcomics hat sich bei der Ausrüstung römischer Legionäre weitgehend an historische Tatsachen gehalten. „Echte“ römische Legionäre trugen allerdings keine derartigen Hosen wie zum Beispiel Freiwillige aus den gallischen oder germanischen Provinzen.

2 Außen waren die Lager von einer Holzpalisade umgeben, die auf einem Wall errichtet wurde. Als zusätzliches Hindernis befand sich davor ein Graben. Die Lager selbst waren rechteckig angeordnet, besaßen Eingänge an allen vier Seiten und erhöhte Wachposten bzw. -türme. Die Anordnung in den Lagern war nahezu identisch: Die militärische Führung befand sich im Zentrum und um sie herum waren wie auf einem Schachbrett die anderen Zelte errichtet.

3 Diese „Sonderlösung“ ist gänzlich abwegig: Die römischen Soldaten mussten im Feldlager so ziemlich auf jeden Komfort und Sonderwünsche verzichten.

Förderbogen 6:

1 S-H: Schleswig-Holstein; M-V: Mecklenburg-Vorpommern; HH: Hansestadt Hamburg; HB: Hansestadt Bremen; BR: Brandenburg; B: Berlin; NS: Niedersachsen; NRW: Nordrhein-Westfalen; S-A: Sachsen-Anhalt; HS: Hessen; TH: Thüringen; S: Sachsen; SL: Saarland; RH-P: Rheinland-Pfalz; BY: Bayern; B-W: Baden-Württemberg

2 Nordrhein-Westfalen, Hessen, Saarland, Rheinland-Pfalz, Bayern, Baden-Württemberg

3 Zur Lösung dieser Aufgabe kann zusätzlich eine größere Deutschlandkarte hinzugezogen werden.

4 In den von den Römern besetzten Gebieten gab es Städte und ein gut ausgebautes Straßennetz.

Förderbogen 7:

1 Zentrale Plätze und öffentliche Gebäude wie Tempel, Kolosseum und Theater; Mietskasernen, die allerdings im Zentrum Roms nicht so geordnet wie in der „Trabantenstadt" waren.

2 Sidonius orientiert sich am Lebensstil eines wohlhabenden Römers. Dies zeigt sowohl die Architektur seines Hauses, sein Tagesablauf als auch seine mit lateinischen Begriffen durchsetzte Sprache.

Lernerfolg:

1 Es gab in Pompeji ebenso wie in Rom ein Forum sowie zahlreiche Thermen, Theater und Tempel. Die römischen Magistrate und später die Kaiser förderten die römische Lebensart, damit die Menschen in eroberten Gebieten den Römern immer ähnlicher wurden, bis sie deren neue Regierung nicht mehr als etwas Fremdes empfanden. Jemand, mit dem man viele Gemeinsamkeiten besitzt, akzeptiert man leichter.

2 wahr: 1, 2, 5, 6, 7, 8, 10; falsch: 3, 4, 9

3 Die Spiele, zu denen in der Kaiserzeit meist auch Geschenke verteilt wurden, sollten die allgemeine Unzufriedenheit der Bevölkerung abmildern bzw. diese von ihrem harten Alltag ablenken. Indem die Kaiser dafür sorgten, dass die einfache Bevölkerung Roms durch enorme Getreideeinfuhr in die Stadt genügend zu essen hatte und mit den Spielen unterhalten wurde, reduzierten sie die Gefahr von Unruhen und Aufständen.

4 Individuelle Lösung, die aber folgende Fakten berücksichtigen sollte:
- Die persönliche Freiheit büßten die eroberten germanischen Stämme sicherlich ein. Sie waren nun von Rom und dessen Statthaltern abhängig.
- Die Romanisierung brachte aber auch positive Aspekte: Die Römer verbesserten beispielsweise die Infrastruktur, indem sie Straßen bauten, zur Bildung beitrugen oder bisher nicht nutzbares Land trockenlegten.

© 2009 Cornelsen Verlag, Berlin. Alle Rechte vorbehalten.

4. Was die Menschen im Altertum voneinander wussten

Weltvorstellungen und kulturelle Kontakte

Ich kann, weiß, verstehe …	Sehr sicher	Sicher	Unsicher	Sehr unsicher	Hilfen finde ich hier:
1 Ich kann erklären, welche Rolle das Weltbild für die Geographie spielt.					S. 148
2 Ich kenne die geographische Ausdehnung antiker Weltbilder.					S. 148, 157 Förderbogen 1
3 Ich kann erläutern, welche Rückschlüsse die Herkunft des Geographen auf sein Weltbild zulässt.					S. 148, 157 Förderbogen 1
4 Ich kann Merkmale antiker Weltbilder in Europa, Indien und Afrika nennen.					S. 147–150 Förderbogen 1
5 Ich kann das Weltbild der vedischen Religion skizzieren.					S. 149
6 Ich kann erläutern, warum die Könige von Kusch sich an altägyptischen Vorbildern orientierten.					S. 150
7 Ich kann den Vorwurf, „Afrika ist ein Kontinent ohne Geschichte", bewerten und mein Urteil begründen.					S. 150
8 Ich kann den Begriff „Kommunikation" anhand von antiken Beispielen definieren.					S. 151 Förderbogen 2
9 Ich kann Gründe nennen, warum Menschen in der Spätantike reisten.					S. 152 Förderbogen 2
10 Ich kann die Haupthandelsströme des Römischen Reiches benennen.					S. 152 Förderbogen 1
11 **a)** Ich kann die Unterrichtsmethode „Stationenlernen" erklären,					S. 147 Förderbogen 3
b) mein eigenes Verhalten dabei beschreiben,					
c) den Nutzen dieses Lernangebots bewerten.					
12 Ich kann heutige Staaten aufzählen, die auf dem Territorium des ehemaligen Reiches Alexanders des Großen liegen.					S. 146, 154 Förderbogen 4
13 Ich weiß, warum die Kriegszüge Alexanders das Weltbild seiner Zeitgenossen veränderten.					S. 154
14 **a)** Ich kann Alexanders Herrschaftspraxis beschreiben					S. 154 Förderbogen 4
b) und bewerten.					
15 Ich kann die Kulturkreise benennen, die durch Alexander und unter seiner Herrschaft verschmolzen.					S. 154 f.
16 Ich kann den Begriff „Hellenismus" mit eigenen Worten erklären.					S. 155
17 Ich weiß, über welche Gebiete die Diadochen als Nachfolger Alexanders herrschten.					S. 155 Förderbogen 4
18 **a)** Ich kann erklären, warum Alexander so vielen Städtegründungen seinen Namen gab.					S. 154 f.
b) Ich kann das ägyptische Alexandria mit einer heutigen Großstadt vergleichen.					S. 156 Förderbogen 5
19 Ich kann darstellen, wie das Leben in Alexandria das Weltbild eines dort lebenden Menschen prägte.					S. 156 Förderbogen 5

© 2009 Cornelsen Verlag, Berlin. Alle Rechte vorbehalten.

Förderbogen 1

Zum erfolgreichen Bearbeiten dieses Förderbogens solltest du noch einmal folgende Seite(n) im Buch aufmerksam lesen: **S. 147–152**

Dieses Blatt ergänzt deinen Laufzettel für das Stationenlernen zu den Themen Weltbilder und Reisen.

Arbeitsaufträge:

1 Werte die Texte im Buch und die Stationen deiner Mitschüler aus und trage Stichpunkte in die Tabelle ein. Begründe, warum nicht immer eine Antwort möglich ist.

Aspekt	Europa (Griechenland)	Asien (Indien)	Afrika (Kusch)
Bedeutung der Gestirne/Astronomie			
Geographische Exaktheit			
Wer schafft die Weltordnung?			
Menschen, die sich mit Weltbildern befassen			

© 2009 Cornelsen Verlag, Berlin. Alle Rechte vorbehalten.

2 a) Schau dir die Weltkarten des Hekataios (um 500 v. Chr.) und des Eratosthenes (um 250 v. Chr.) (S. 157 und S. 148) genauer an. Notiere Gemeinsamkeiten und Unterschiede.

Gemeinsamkeiten	Unterschiede

b) Stelle Vermutungen darüber an, warum auf beiden Weltkarten das östliche Mittelmeer am exaktesten dargestellt ist. Schreibe deine Vermutungen in dein Heft.

3 Wenige Menschen kommunizierten miteinander durch Schrift, größere Personengruppen gingen auf Reisen. Beschreibe anhand der Karte auf S. 152 die Reiseroute eines jüdischen Kaufmanns, der von Alexandria nach Mainz (Moguntiacum) reist, um dort Weihrauch aus Äthiopien zu verkaufen. Erzähle in einer Geschichte, was er sieht, welche Landschaften er durchreist. Versieh deinen Reisebericht auch mit Datumsangaben und überlege dir so, wie lange er wohl unterwegs war.

Förderbogen 2

Zum erfolgreichen Bearbeiten dieses Förderbogens solltest du noch einmal folgende Seite(n) im Buch aufmerksam lesen: **S. 151 f.**

Nur ein Reich mit sicheren und befestigten Verkehrswegen kann auf Dauer erfolgreich sein. Im Römischen Reich gab es ein sehr gut ausgebautes Verkehrsnetz, das Händlern, Soldaten und anderen Reisenden ein rasches Vorankommen ermöglichte – auch Bildungshungrigen.

Arbeitsaufträge:

1 a) In jungen Jahren studierte Gaius Julius Caesar auf Rhodos die Kunst der Rhetorik. Wissenschaftler gehen heute davon aus, dass Schiffe in der Antike mit ca. 8 Knoten (also knapp 15 km/h) unterwegs waren. Wie lange brauchte Caesar, wenn er von Rom über Rhegium und Kreta nach Rhodos fuhr? ____________ Tage

b) Wie lange brauchten Soldaten auf ihrem Marsch von Byzantium nach Argentorate (heute Augsburg) im besten Fall? ____________ Tage

2 Die Römer markierten ihre Hauptstrecken mit Meilensteinen. Diesen (M1) hat man bei Apollonia im heutigen Albanien gefunden. Er stammt aus der Herrschaftszeit Caesars.

a) Beschreibe die Funktionen dieser Meilensteine.

____

____

____

____

____

____

b) Stelle eine Verbindung von Meilensteinen und der Bildung der Reisenden her.

____

____

M1 Römischer Meilenstein, 1. Jahrhundert v. Chr.

____

____

3 Das Lateinische galt noch Jahrhunderte nach dem Ende des Römischen Reiches als Verkehrssprache. Die Literatur wurde meist nicht, wie häufig in den „Asterix"-Comics dargestellt, in Steine eingemeißelt. Lies dir S. 151 nochmals durch und überlege, welche Materialien für den Transport von Wissen auf längeren Reisen infrage kamen.

____

____

____

© 2009 Cornelsen Verlag, Berlin. Alle Rechte vorbehalten.

Förderbogen 3

Zum erfolgreichen Bearbeiten dieses Förderbogens solltest du noch einmal folgende Seite(n) im Buch aufmerksam lesen: **S. 146–152**

Das Stationenlernen kann eine sehr effektive Unterrichtsmethode sein, weil man sich in aller Ruhe mit verschiedenen bereitgestellten Medien und Texten beschäftigen kann – eine Abwechslung vom hektischen Unterrichtsgespräch. Das funktioniert aber nur, wenn man sich ernsthaft um die Informationen kümmert, sie verarbeitet und in Beziehung zueinander setzt. Keine Station steht nur für sich.

Arbeitsaufträge:

1 Überprüfe deinen Umgang und den der Klasse mit dem Stationenlernen. Kreuze entsprechend an!

a) Zur Vorbereitung und Planung:	sehr	gut	mittel	wenig
Ich habe gewusst, welches Thema bzw. welche Frage genau an meiner/ unserer Station erarbeitet werden sollte.				
Mir war klar, warum dieses Thema wichtig und interessant ist.				
Ich war an der Findung und Ausgestaltung des Themas beteiligt.				
Ich finde, die Arbeitsverteilung in den Gruppen bzw. in der Klasse war gerecht.				
Meine/unsere Station wurde durch viele Zusatzmaterialien angereichert.				
Die Hinweise aus dem Lehrbuch waren hilfreich.				
Die Station war interessant, ansprechend und verständlich gestaltet (abwechslungsreiches Material).				

b) Zur Durchführung:	sehr	gut	mittel	wenig
Ich habe den Laufzettel mit erarbeitet bzw. den aus dem Buch ergänzt.				
Das Vorankommen an den Stationen funktionierte …				
Mir gefällt die Vorgabe einer festen Zeiteinteilung …				
Ich konnte die Fragen des Laufzettels durch die Informationen beantworten.				
Das Sprechen über Zwischenergebnisse war nötig.				

c) Zur Auswertung:	sehr	gut	mittel	wenig
Ich habe meine Ergebnisse mit anderen vergleichen können.				
Mir gefällt das Stationenlernen im Vergleich zu „normalem“ Unterricht …				
Ich hatte viel Zeit zur Auswertung meines Laufzettels.				
Aus dem Stationenlernen haben sich neue Fragen für die weitere Arbeit im Thema ergeben.				
Die Lehrkraft kannte sich mit dieser Unterrichtsmethode gut aus.				
Ich würde mir das Stationenlernen auch für andere Themen und Fächer wünschen.				

2 Schreibe Vorschläge zur Verbesserung des Stationenlernens in dein Heft:

a) zum Material und zur Anleitung durch die Lehrerin bzw. den Lehrer,
b) zur Organisation,
c) zu nötigen Regeln für die Klassengemeinschaft,
d) zum Einsatz von Medien an den Stationen.

© 2009 Cornelsen Verlag, Berlin. Alle Rechte vorbehalten.

Förderbogen 4

Zum erfolgreichen Bearbeiten dieses Förderbogens solltest du noch einmal folgende Seite(n) im Buch aufmerksam lesen: **S. 154–155**

Alexander der Große schaffte, was keinem anderen griechischen König gelang: Er eroberte das mächtige Perserreich und dehnte seine Herrschaft bis an den Indus aus.

M1 Mythos oder Wahrheit: Die Geschichte vom Gordischen Knoten
Es wird erzählt:

Der Legende nach befand sich in Gordion (vgl. Karte S. 154) ein kunstvoll verschlungener Knoten am Streitwagen des Königs Gordios von Phrygien. Nach einem Orakelspruch würde derjenige die Herrschaft über Asien erringen, der diesen Knoten lösen könne – was viele vergeblich versuchten. Alexander der Große fand eine sehr einfache Lösung: Er durchschlug den Knoten kurzerhand mit seinem Schwert und löste Staunen aus.

(Verfassertext)

Arbeitsaufträge:

1 Erkläre, warum der Knoten für Alexander von so großer Bedeutung gewesen sein mag.

____

____

2 Charakterisiere Alexanders Handlung und ziehe Rückschlüsse, wie die Menschen von ihm dachten.

____

____

3 Der zerschlagene Knoten machte den Weg nach Osten frei. Zähle auf, welche heutigen Staaten in Alexanders Reich lagen:

____

____

____

____

____

4 Mit Alexander kam die griechische Sprache in den Nahen Osten und nach Asien. Sie blieb auch noch nach seiner Herrschaft und der seiner Nachfolger, Diadochen genannt, weit verbreitet.

a) Welche Personen brachten die griechische Sprache in den Nahen Osten und nach Asien? Welche Einheimischen gebrauchten sie bei gewissen Anlässen?

____

____

____

b) Heute gilt Englisch als eine Weltsprache. Vergleiche in deinem Heft die Verbreitung dieser Sprache mit der Verbreitung der griechischen Sprache zur Zeit Alexanders.

© 2009 Cornelsen Verlag, Berlin. Alle Rechte vorbehalten.

Förderbogen 5

Zum erfolgreichen Bearbeiten dieses Förderbogens solltest du noch einmal folgende Seite(n) im Buch aufmerksam lesen: **S. 156**

Das ägyptische Alexandria war eine antike Großstadt, die viele Fremde anzog und in der ganzen damals bekannten Welt bewundert wurde. Du erfährst viel über die Lebenswelt zur Zeit des Hellenismus, wenn du dich in dieser Stadt mit ihren Besonderheiten orientieren kannst.

Arbeitsaufträge:

1 Gestalte einen Reiseführer, der Griechen nach Alexandria locken soll. Hierbei hilft dir der Brief des Nikephóros (S. 156, M1).
Tipp: Überlege dir, welche Kapitel der Reiseführer haben soll (z. B. Sehenswürdigkeiten, Aufbau der Stadt, Daten, Stadtplan bis hin zu „Ausgeh"-Tipps). Vielleicht gelingt es dir, ein Leporello (einen geknickten Flyer, bestehend aus einem A4-Blatt) zu entwerfen, der alle Informationen praktisch zur Verfügung stellt.

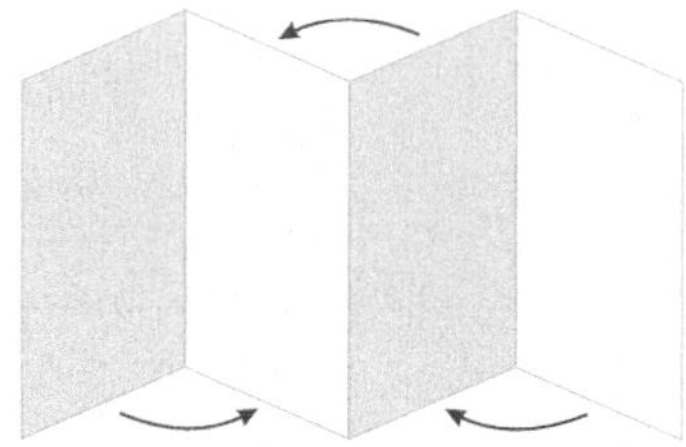

2 Der Leuchtturm der ehemaligen Insel Pharos bei Alexandria (vgl. M1), war eines der sieben Weltwunder in der Antike (man findet jedoch mehr als zehn Kandidaten auf diesen Titel!).

a) Versuche, in Lexika oder im Internet sechs weitere Wunder herauszufinden, und vermerke eine geographische Zuordnung in Klammern.

b) Ziehe aus deiner Zusammenstellung Rückschlüsse auf das geographische Weltbild der Menschen der Antike. (Beachte, dass diese Bauwerke nicht nur einfach Bauwerke waren, sondern für eine regionale Besonderheit standen.)

© 2009 Cornelsen Verlag, Berlin. Alle Rechte vorbehalten.

M1 Leuchtturm von Pharos bei Alexandria
Eines der sieben Weltwunder: der Leuchtturm der ehemaligen Insel Pharos an der Hafeneinfahrt von Alexandria. Der Leuchtturm wurde um 279 v. Chr. unter Ptolemaios II. fertiggestellt und erreichte eine Höhe von ca. 120 Metern.
Rekonstruktionszeichnung um 1900

Weltvorstellungen und kulturelle Kontakte

M1 Mittelalterliche Seekarte des Italieners Vesconte Maggiolo (Ausschnitt), 1541

Schon in der Antike gab es Karten, die Seefahrern helfen sollten, von Hafen zu Hafen zu fahren. Es handelt sich um „Periploi", Karten, auf denen Häfen, Strömungen, Winde und Leuchttürme verzeichnet sind. Die Karten sind auf Pergament (Tierhaut) gezeichnet und haben ein Liniennetz sowie eine Windrose. Anders als heutige Seekarten verzeichnen sie auch Sehenswürdigkeiten, Volksstämme, legendenhafte Pflanzen und Wesen. Solche Karten aus der Antike sind leider nicht erhalten, dafür aber Hafenkarten aus dem mittelalterlichen Italien, die die Tradition fortsetzen.

© 2009 Cornelsen Verlag, Berlin. Alle Rechte vorbehalten.

1 Betrachte M1.

a) Erläutere, inwiefern „Periploi" auch ein Weltbild vermitteln.

b) Zeige Unterschiede zu heutigen geographischen Karten auf.

2 Nicht nur Gelehrte und Kaufleute waren in der Spätantike unterwegs, sondern auch Seeleute.

a) Erkläre, warum dieser Berufsstand besonders gut über Neuigkeiten in der Welt informiert war.

b) Kommunikation ist Nachrichtenübermittlung. Erzähle anhand eines Beispiels, wie Kommunikation auf dem Seeweg funktionierte.

3 Der Leuchtturm des ägyptischen Alexandria war weltberühmt, ein Weltwunder sogar.

a) Vergleiche Leuchttürme an der Küste mit Meilensteinen. Lege eine Tabelle für Gemeinsamkeiten und Unterschiede an.

b) Erkläre, weshalb Alexander „in seiner Stadt" einen besonders großen Turm errichten ließ.

4 Alexander hat keine große Flotte aufgebaut. Man hört immer von seinen großen Schlachten. Erläutere, warum er keine Schiffe brauchte, obwohl er ein großer Herrscher war.

5 Der amerikanische Kommunikationsforscher Thomas Friedmann vertritt in einem Buch die Meinung: „Die Welt ist flach", weil uns heute alle Kommunikationswege offenstehen und natürliche Hindernisse kein Problem darstellen.

a) Arbeite Unterschiede heutiger Kommunikation und dem Austausch zwischen Menschen in der Spätantike heraus.

b) „Der Hellenismus machte die damalige Welt auch ‚flach'." Nimm Stellung zu dieser Aussage.

Förderbogen 1

1 Denkbar sind unter anderem diese Antworten:

Aspekt	Europa (Griechenland)	Asien (Indien)	Afrika (Kusch)
Bedeutung der Gestirne/Astronomie	Bewegung der Gestirne, Fixsterne	Sonne im Mittelpunkt, Sonnenverlauf als Sinnbild	Keine besondere Bedeutung erwähnt
Geographische Exaktheit	Bemühen um Erkennbarkeit der Geographie	Eher Darstellung einer Weltordnung	Nicht wichtig
Wer schafft die Weltordnung?	Schöpfung durch die griechischen Götter	Varuna, oberster Herr der Götter	Ägyptische Gottheiten
Menschen, die sich mit Weltbildern befassen	Wissenschaftler, Philosophen	Priester	(keine Infos)

2 a) Denkbar sind unter anderem diese Antworten:

Gemeinsamkeiten	Unterschiede
Nord-Süd-Ausdehnung ähnlich	Mittelmeer im Zentrum (H), Asien im Zentrum (E)
Kontinente vorhanden	Gradnetz für Entfernungsangaben (E)
Bezeichnungen gleichlautend (Europa, Libyen)	Hauptgebirge Taurus (E) oder Alpen (H)
Herkunft des Kartographen aus östlichem Mittelmeergebiet	detaillierte Darstellung Asiens nach Alexanders Feldzügen (E)

b) Weil beide Kartographen das östliche Mittelmeer und seine Länder am genauesten dargestellt haben, liegt es nahe, dass sie aus dieser Region stammten. Über sie hatten sie die meisten Kenntnisse. Diese enden dort, wo die Handelsbeziehungen der Griechen aufhörten.

3 Mit dem Schiff ging es nach Rhegium in Sizilien (ca. 5–6 Tage Fahrzeit). – Nach dem Zwischenstopp dort per Schiff weiter nach Ostia, dem Hafen vor den Toren Roms (2–3 Tage Fahrzeit), Besichtigung Roms – durch Italien über die Alpen (Brenner) entlang der Haupthandelsstraße bis an den Limes, das letzte Stück den Rhein entlang (1100 km, also 36 Tage). Wenn der Kaufmann also am 1. Mai seine Reise begann, kam er ca. zwei Monate später an seinem Ziel an, wenn er nicht durch Krankheit oder anderes behindert wurde.

© 2009 Cornelsen Verlag, Berlin. Alle Rechte vorbehalten.

Förderbogen 2

1 a) Die Distanz auf der Karte des Buches beträgt ca. 5 cm. Betrachte nun den Maßstab der Karte:
800 km in der Natur entsprechen 2,4 cm auf der Karte.
100 km in der Natur entsprechen dann 0,3 cm auf der Karte. Rechnung: 2,4 cm : 8 = 0,3 cm
Insgesamt beträgt der Seeweg ca. 1660 km. Rechnung: (5 : 0,3) x 100 km = 1666,66 km
Bei 15 km/h Reisegeschwindigkeit brauchte Cäsar insgesamt 111 Stunden (aber nur, wenn der Wind gleichbleibend gut war und es keine Flaute und keinen Sturm gab). Caesar war also bei optimalen Wetterbedingungen vier bis fünf Tage unterwegs, wenn er Tag und Nacht durchfuhr.

b) Die Distanz beträgt auf der Karte des Buches ca. 6,5 cm (wenn man die Wegführung berücksichtigt).
Auch hier entsprechen 100 km in der Natur 0,3 cm auf der Karte.
Die Strecke misst also 2167 km. Rechnung: (6,5 : 0,3) x 100 km = 2166,66 km
Wenn die Truppe mit einem Wagen unterwegs war (S. 152), schaffte sie bestenfalls 30 km pro Tag. Es dauerte also mehr als 72 Tage – ohne Pause (Rechnung: 2167 : 30 = 72,23 Tage).

2 a) Die Meilensteine dienen zunächst der Orientierung: Sie markieren einen Weg, sie stehen in regelmäßigen Abständen, geben Entfernungen an. Sie liefern Informationen über die Provinz, den Verwaltungsbezirk, z. T. über die Herrscher und Gouverneure. Die Steine sind ein Herrschaftszeichen und legen nahe, dass die Wege bekannte, sichere Wege sind, die auch von Römern benutzt werden, sie werden gewartet, vielleicht sogar gesichert, da sie die Lebensadern des Römerreiches sind.

b) Natürlich musste man lesen können, die Buchstaben, aber auch die Zahlen. Der Reisende musste etwas über den Aufbau des Reiches, Zuständigkeiten und Amtspersonen wissen. Auch wenn man nicht lesen und schreiben konnte, reichten die Kenntnisse vielleicht aus, einige Passagen des Meilensteins auswerten zu können.

3 Die Bildbeispiele im Buch S. 151, M1 zeigen Inschriften in Stein. Steine sind zum Transport ungeeignet, sondern waren an einem Ort fest angebracht. Wachstäfelchen hingegen sind zwar leicht, aber sehr empfindlich. Am besten gab man Botschaften auf Papyrus oder Pergament weiter, das sich rollen ließ, leicht und dünn war, sodass ein Reiter mehrere Botschaften in einer Tasche transportieren konnte.

Förderbogen 3

Zu diesem Bogen gibt es keine Lösungen, sondern nur deine Erfahrungen. Wichtig ist, dass du dir Zeit nimmst und ehrlich antwortest, auch bei Aufgabe 2, wo es darum geht, aus den Erfahrungen zu lernen. Lies dir die Aussagen aufmerksam durch und überlege, wo du ankreuzt.

Förderbogen 4

1 Bei dieser Legende geht es nicht nur um den Knoten, sondern dieser steht in den Augen der Zeitgenossen für Macht. Alexander wollte Persien und Teile von Asien erobern. Er wollte den Erfolg. Wäre er am Gordischen Knoten gescheitert, hätten viele abergläubische Menschen ihm seinen Erfolg nicht zugetraut. Er musste diese Prüfung bestehen, auch wenn er persönlich nicht an eine besondere Bedeutung des Knotens geglaubt haben mag.

2 Die Legende verrät etwas darüber, wie die Menschen damals über Alexander dachten. Alexander löste den Knoten nicht umständlich oder mit Geschick, sondern schnell und effektiv mit Gewalt. Dies spiegelt seinen Charakter wider, wie er von den Zeitgenossen eingeschätzt wurde: Er lässt sich nichts entgehen, kann schnell entscheiden, sucht den schnellsten Weg und scheut vor Gewalt nicht zurück.

3 Makedonien, Griechenland, Bulgarien, Türkei, Zypern, Libanon, Syrien, Israel, Ägypten, Jordanien, Armenien, Irak, Kuwait, Iran, Pakistan, Indien, Afghanistan, Turkmenistan, Tadschikistan, Kirgistan.

4 **a)** Alexander brachte nicht nur Soldaten mit, die Griechisch sprachen, sondern auch Verwaltungsbeamte, Händler, Gelehrte. Er brachte seine Verwaltung, Maße und Währung mit sich und schuf einen Wirtschaftsraum. Griechisch war hier die Verkehrssprache.

b) Die englische Sprache hat sich auf der Welt zum Teil durch britische Kolonien (die von den Briten eroberten und abhängigen Länder in Übersee einschließlich Nordamerikas) verbreitet. Das ähnelt den Eroberungen Alexanders. Schon seit mehr als 100 Jahren ist der Siegeszug der Sprache jedoch friedlich, sie wird in fast allen Ländern der Welt als Verkehrs- und Wirtschaftssprache verstanden, derer sich auch Touristen bedienen können. Auch wenn Großbritannien heute nicht mehr ein so mächtiges Land ist, wirkt die Sprache dennoch weiter. So war es auch im Alexanderreich nach Alexanders Tod nach dem Ende der Diadochen. Die Menschen hatten sich an eine Sprache gewöhnt, die ihnen einst aufgezwungen wurde, die nun aber große Vorteile mit sich brachte.

Förderbogen 5

1 Bei vielen PC-Programmen lässt sich ein solches Format einstellen, sodass du den Leporello sogar mit dem Computer gestalten kannst. Denke an ein ansprechendes Deckblatt, die Abfolge der Informationen und Kapitel.

2 **a)** Die hängenden Gärten der Semiramis zu Babylon, der Koloss von Rhodos, das Grab des Königs Mausolos II. zu Halikarnassos, die Stadtmauern von Babylon, die Pyramiden von Gizeh in Ägypten, der Tempel der Artemis in Ephesos, die Zeusstatue des Phidias von Olympia, der Turm zu Babylon.

b) Die Weltwunder bezeichnen nicht entfernte Punkte der damaligen Welt, sondern die bedeutendsten Sehenswürdigkeiten der kulturellen Zentren. Vertreten sind die ägyptische, griechische und die Kultur des Zweistromlandes. Der alexandrinische Leuchtturm kam erst auf der Liste des Antipatros von Sidon hinzu, die er im 2. Jahrhundert v. Chr. anfertigte. Die sieben Weltwunder stehen für die menschlichen Höchstleistungen in der Kunst und Baukunst.

Lernerfolg

1 **a)** Die „Periploi“ sind zunächst einmal für den Zweck der Seefahrt gemacht. Sie sind auf Erfahrungen und Bedürfnisse der Seeleute bezogen. Weil neben den geographischen Angaben auch Informationen über Völker und deren Legenden abgebildet sind, liefern sie Informationen über die Sichtweise der Menschen, die sie gemacht haben: Was sie kannten, wovor sie sich fürchteten, was sie von Fremden wussten.

b) Wenn man heute einen Atlas aufschlägt oder eine Autokarte, findet man keine zusätzlichen Zeichnungen. Es kommt hier auf Exaktheit und Maßstäblichkeit an. Auch heute gibt es Spezialkarten für die Seefahrt. Die liefern aber keine Informationen über fremde Länder und Völker.

2 **a)** Seeleute waren fast immer unterwegs. Sie verließen ihren Heimathafen und lernten fremde Länder kennen. Sie kamen in den Häfen fremder Länder in Hafenkneipen ins Gespräch, hatten „Landgang“ und konnten fremde Hafenstädte erkunden. Sie mussten über wichtige Ereignisse wie Kriege informiert sein, weil dies ihre Sicherheit betraf.

b) Schiffe konnte man für das Überbringen von brieflichen Nachrichten nutzen. Auch wenn es damals keine Post im heutigen Sinne gab, konnte man von einem Hafen zum anderen Botschaften übermitteln. So interessierte es den Getreidehändler in Piräus bei Athen, wie die Getreideernte in Ägypten ausgefallen war, damit er kalkulieren konnte. Ein Pergament mit der Aufstellung erwartete ihn am Hafen seiner Heimatstadt.

3 **a)** Denkbar sind unter anderem diese Antworten:

Gemeinsamkeiten	Unterschiede
geben Orientierung	Meilensteine geben keine Entfernungen an, Leuchttürme den Standort.
werden auf staatlichen Auftrag hin gebaut	Leuchttürme sind Tag und Nacht sichtbar.
zeugen von Herrschaft	Meilensteine bieten den Reisenden über Land Orientierung, Leuchttürme den Seefahrern.
geben dem Verkehr Sicherheit	Leuchttürme sind oft Wahrzeichen von Städten.

b) Der Turm auf der Insel Pharos vor der Stadt Alexandria ist das Wahrzeichen der Stadt. Er gehört zu den Sieben Weltwundern der Antike. Alexander hat die Stadt gegründet und nach sich benannt, um der Nachwelt seinen Ruhm vor Augen zu führen. Der Leuchtturm steht für Größe und Sicherheit und kündet von Alexanders Selbstverständnis, der sich als „Wundermenschen“ sah.

4 Betrachtet man die Karten im Schulbuch, so kann man Alexanders Weg nach Asien nachvollziehen. Dies war ein Landweg, auf dem er keine Flotte brauchte. Während seine griechischen Vorfahren im Mittelmeer gegen die Perser kämpften, hat er die Perser an Land besiegt (z. B. bei Issos 333 v. Chr).

5 **a)** Heute übermitteln wir Nachrichten in Sekundenschnelle über Satelliten oder Kabel, die auf dem Meeresboden liegen. Unsere Nachrichten müssen nicht als „Sachen“ wie Pergament oder Briefe auf den Weg geschickt werden, sondern reisen elektronisch. Eine E-Mail erreicht ihren Empfänger weltweit innerhalb von Sekunden. Die Menschen mussten damals für

© 2009 Cornelsen Verlag, Berlin. Alle Rechte vorbehalten.

die Übermittlung von Nachrichten Wege zurücklegen: Das dauerte um so länger und war um so teurer, je mehr Hindernisse es auf diesen Wegen gab: hohe Gebirge, tiefe reißende Flüsse, unwegsame Wüsten oder Ozeane, aber auch feindliche Völker, Überfälle, Kriege.

b) Mit der Aussage ist gemeint, dass das Übermitteln von Botschaften und überhaupt die Kommunikation der Menschen während der hellenistischen Zeit einfacher wurde. Viele Menschen gehörten dem griechischen Kulturraum an, sprachen die griechische Sprache, kannten Maße, Götter und Literatur. Die Welt von Alexanders Reich rückte zusammen, weil die Menschen in einem Sprach- und Handelsraum zusammenlebten, zusammenarbeiteten und sich gegenseitig unterstützten. Dadurch verschwanden Hindernisse, die z. B. vorher zwischen einander fremden und feindlichen Völkern bestanden.

© 2009 Cornelsen Verlag, Berlin. Alle Rechte vorbehalten.

5. Europa im Mittelalter

5.1 Von der Antike zum Mittelalter

	Ich kann, weiß, verstehe …	Sehr sicher	Sicher	Unsicher	Sehr unsicher	Hilfen finde ich hier:
1	Ich kann erklären, wie die Dreiteilung der Welt um das Mittelmeer zu **a)** politischen und					S. 162 f. Förderbogen 1
	b) kulturellen Unterschieden führte.					
2	Ich kann Gemeinsamkeiten von Christentum und Islam benennen.					S. 164 f. Förderbogen 1
3	Ich kann den Beginn der islamischen Zeitrechung datieren und erklären.					S. 164 Kap.1.1, Förderbogen 2
4	Ich weiß, was der Begriff „Dschihad" bedeutet.					S. 164 Förderbögen 1 und 3
5	Ich kann die Begegnung von Islam und Christentum in Spanien anhand von Beispielen erläutern.					S. 165 f. (Karten) Förderbögen 2 und 3
6	Ich kann erklären, wie sich das Königtum im Frankenreich bis zu seiner Auflösung entwickelte.					S. 166, 170, 172 Förderbogen 7
7	Ich kann das Territorium des Frankenreiches mit den Grenzen heutiger europäischer Staaten vergleichen.					S. 172
8	Ich kann die Begriffe „Heerkönigtum" und „Sakralkönigtum" unterscheiden.					S. 167
9	Ich kann anhand eines Beispiels zeigen, welche Rolle den Klöstern bei der Missionierung zukam.					S. 168 f. Förderbogen 4
10	Ich kann einen historischen Sachverhalt klären, indem ich Material suche, auswerte und bewerte.					S. 169 Förderbögen 5 und 7
11	Ich kann beschreiben, wie Karl der Große seine Herrschaft zeigte und sicherte.					S. 170 Förderbögen 2, 6 und 7
12	Ich kenne die Namen wichtiger Klöster und Pfalzen.					S. 168, Förderbogen 7
13	Ich kann beschreiben, wie die Frankenkönige ihren Hof verwalteten.					S. 170 f. Förderbogen 6
14	**a)** Ich kenne den Unterschied zwischen den Herrschertiteln „König" und „Kaiser"					S. 170
	b) und weiß, warum Karl den Kaisertitel erhielt.					S. 173 Förderbogen 7
15	**a)** Ich kann erklären, wie sich das Mittelalter als Epoche von der Antike unterscheidet,					S. 167, 173
	b) und kann dieses Zeitalter zeitlich einordnen.					
16	**a)** Ich kann erklären, weshalb das Mittelalter häufig als mittlere, als „unwichtige Durchgangsepoche" beschrieben wird,					S. 162–173
	b) kann diese These bewerten					
	c) und kann erklären, welche Themen des Mittelalters mich selbst besonders interessieren.					

© 2009 Cornelsen Verlag, Berlin. Alle Rechte vorbehalten.

Förderbogen 1

Zum erfolgreichen Bearbeiten dieses Förderbogens solltest du noch einmal folgende Seite(n) im Buch aufmerksam lesen: **S. 162–165**

Mit dem Ende des Römischen Reiches (um 500 n. Chr.) und der Völkerwanderung zerbrach die Einheit des Mittelmeerraumes. Drei neue Machtzenten entstanden: das Islamische Reich, das Oströmische Reich und das Frankenreich.
In der Hafenstadt Aleria auf Korsika überlappen sich die Einflusssphären der drei Reiche. Die Insel ist noch Teil des Oströmischen Reiches, von den Frankenherrschern begehrt und immer wieder Ziel von islamischen Eroberern.

Arbeitsaufträge:

1 Im Hafen von Aleria liegen drei Handelsschiffe, die an der Ostküste von Korsika Zuflucht vor einem Sturm suchten: ein Schiff mit Getreide aus Alexandria, eines mit Wein aus Marseilles und eines mit Olivenpaste aus Kreta. Mit folgenden Spielkarten kannst du die Seeleute einen Dialog führen lassen:

a) Teilt verdeckt die Themenkarten aus.

b) Bestimme anhand deiner Themenkarte, wen du spielen sollst.

c) Spielt die Gespräche der Seeleute mit verteilten Rollen.

d) Rate, welcher Herkunft die anderen Sprecher sind.

e) Reagiere auf die Ausführungen des vorstellenden Seemanns gemäß deiner eigenen Rolle.

Die neue Hauptstadt Konstantinopel und deren Macht im Vergleich zu Rom	Wie die Idee des Dschihad missverstanden wird
Die prächtigen Paläste des Harun al Raschid in Bagdad	Die Einigung der fränkischen Stämme
Warum sich Chlodwig taufen ließ: Sage und Wirklichkeit	Die Lebensgeschichte des Propheten Mohammed
Unser König ist noch immer ein Gott.	Die Stadt Adana (in der heutigen Südtürkei) wurde von den islamischen Herrschern erobert.

2 Überlege, wie ein Korse auf das Gespräch der Fremden reagiert. Erörtere in deinem Heft, welche Vor- und Nachteile der Korse hat, auf einem Schnittpunkt der drei Kulturen zu leben.

3 Der islamische Seemann und der Franke kommen ins Gespräch über ihre Religionen.
Führe Gemeinsamkeiten von Islam und Christentum an:

© 2009 Cornelsen Verlag, Berlin. Alle Rechte vorbehalten.

Förderbogen 2

Zum erfolgreichen Bearbeiten dieses Förderbogens solltest du noch einmal folgende Seite(n) im Buch aufmerksam lesen: **S. 165, 170–171**

In den Jahren 661 bis 715 eroberten die arabischen Mauren die Iberische Halbinsel. In der Schlacht bei Tours und Poitiers jedoch wurde ihr Vormarsch auf Europa gestoppt. Um sein Reich zu schützen, gründete Karl der Große die „Spanische Mark". Darüber informiert dich der folgende Lückentext.

M1 Das Frankenreich

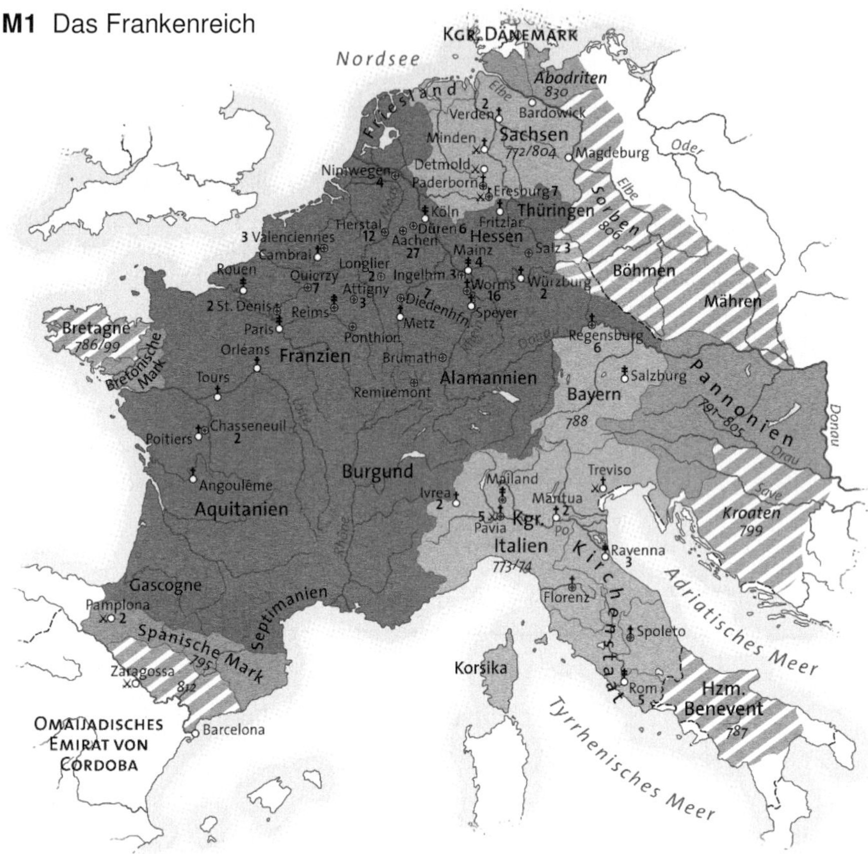

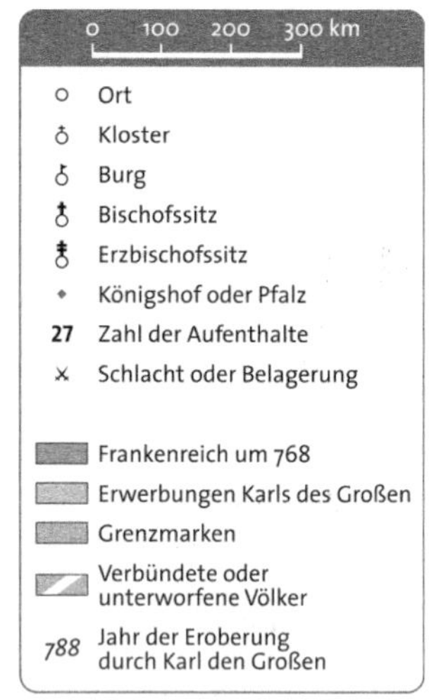

Arbeitsauftrag:

Fülle die Lücken mithilfe deines Buches, S. 165 (Karte) und S. 170/171 aus. Benutze auch einen Atlas.

Die Spanische Mark erstreckt sich entlang der Gebirgskette der ______________. Sie, die Bretonische Mark und die Pannonische Mark, werden als ________________ bezeichnet. Karl der Große richtete die Spanische Mark im Jahr 795 zum Schutz des fränkischen Territoriums gegen die ____________ ein. Die _________________ Mauren hatten in der Zeit von _______ bis _______ Spanien erobert. Sie machten ____________ zu ihrer neuen Hauptstadt. Ihr Ansturm gegen das Frankenreich konnte jedoch in zwei historischen Schlachten bei ___________ und ____________ in Südwestfrankreich im Jahre 732 gestoppt worden. Der Sieg kam dem ________________ Pippin zu, der aus der Familie der ______________ stammte und sich zum ___________ erheben ließ. Karl der Große besuchte die Spanische Mark zweimal, insbesondere die Stadt ______________. Die Mark wurde von einem ________________ verwaltet. Sitz des Markgrafen war die heute zweitgrößte spanische Stadt _______________. Die Spanische Mark bildete die Ausgangsbasis der christlichen Rückeroberung Spaniens, „Reconquista" genannt, die die islamische Herrschaft 1492 beendete.

© 2009 Cornelsen Verlag, Berlin. Alle Rechte vorbehalten.

Förderbogen 3 Zum erfolgreichen Bearbeiten dieses Förderbogens solltest du noch einmal folgende Seite(n) im Buch aufmerksam lesen: **S. 164–165**

Nicht jeder, der in Spanien in muslimischem Gebiet lebte, musste auch die neue Religion annehmen. Dies brachte zwar Vorteile, war aber keine Pflicht. In diesem Text erfährst du mehr über die Hintergründe des friedlichen Zusammenlebens von Mauren, Christen und Juden in Spanien.

M1 Über die Herrschaft der muslimischen Mauren in Spanien

Historiker haben herausgefunden:

Die arabisch-islamischen Heere wären sicherlich nicht so erfolgreich gewesen ohne ihren religiösen Antrieb: den Gesetzen des Islams in einem „Heiligen Krieg" (Dschihad) zum Sieg zu verhelfen. Dennoch war dies nicht das einzige Motiv der arabischen Eroberer. Die Araber wollten anfangs politische Unterwerfung der Besiegten und Beute, nicht Missionierung, also Bekehrung. Die neuen Herrscher verlangten von den fremden Völkern unbedingte Gefolgschaft und die Zahlung einer Steuer für jeden Einwohner. Ansonsten hatten islamische Herrscher gegen nichtislamische Untertanen nichts einzuwenden, solange sie zahlten. Ein erzwungener Übertritt von Christen und Juden zum Islam wurde daher nicht einmal versucht. Allerdings waren die wirtschaftlichen und sozialen Vorteile ein Anreiz, Muslim zu werden. Das erklärt den Übertritt vieler Christen zum Islam in Spanien im 8. und 9. Jahrhundert.

Die Christen in Andalusien, auch Mozaraber genannt, lebten als Kaufleute und Handwerker in eigenen Stadtvierteln und hatten die gleiche Steuer zu zahlen wie die spanischen Juden. Die Treue zu ihrem Glauben schloss nicht aus, dass Christen und Juden wichtige Stellungen am Hof der Kalifen, wie die muslimischen Herrscher genannt wurden, einnehmen konnten – Wissen zählte mehr als die Glaubenszugehörigkeit. Nur wenige Christen wanderten in benachbarte christliche Gebiete aus. Lediglich eine winzige Minderheit protestierte gegen die islamischen Autoritäten, indem sie öffentlich die muslimische Religion verspotteten. Die von den Muslimen ausgesprochenen Verurteilungen und Hinrichtungen betrachteten diese Christen als Martyrium, also als heldenhaften Tod für ihren Glauben.

Frei zit. n. Martin Grohmann und Wolfgang Jäger, Das Mittelalter (Kurshefte Geschichte), Berlin (Cornelsen) 2007, S. 183–184.

© 2009 Cornelsen Verlag, Berlin. Alle Rechte vorbehalten.

Arbeitsaufträge:

1 Erkläre, warum der „Dschihad" nicht der wichtigste Antrieb für die islamische Eroberung Spaniens war.

______

______

______

______

2 Erläutere, warum nur wenige Christen in die Spanische Mark auswanderten.

______

______

______

______

Förderbogen 4

Zum erfolgreichen Bearbeiten dieses Förderbogens solltest du noch einmal folgende Seite(n) im Buch aufmerksam lesen: **S. 168–169**

Klöster waren die Vorposten des christlichen Glaubens. Sie dienten der Mission und waren wichtige Anlaufpunkte der mittelalterlichen Könige und Kaiser. Das Kloster von Bad Hersfeld ist in vielerlei Hinsicht typisch: Es wurde von angelsächsischen Mönchen 769 gegründet und hatte auch einen Pfalzbau. Die Geschichte des Klosters zeigt, wie eng die Verbreitung des Christentums und der Aufstieg des fränkischen Königtums zusammenhängen.

Arbeitsaufträge:

1 Beurteile, ob es sich um

- dir bekannte Zusammenhänge (A) oder
- neu erworbenes Wissen (B) oder gar
- um eine unwahrscheinliche oder falsche Behauptung (C) handelt.

Nr.	Aussage / Behauptung	A	B	C
1	Anfang des 8. Jahrhunderts hatte sich das Christentum noch nicht nördlich des Rheins verbreitet.			
2	Der irische Mönch Bonifatius begann seine Mission bei den Hessen und Thüringern.			
3	Bonifatius und seine Mitbrüder gründeten zahlreiche Klöster: darunter 744 das Kloster Fulda und 769 das Kloster Hersfeld.			
4	Das Kloster Hersfeld lag verkehrsgünstig im Tal am Fluss Fulda und an der Schnittstelle von Handelswegen.			
5	Der englische Mönch Lullus wurde Mainzer Bischof, später Erzbischof und war 17 Jahre lang Abt des Klosters Hersfeld.			
6	Bonifatius gründete 741 das Bistum Büraburg bei Fritzlar.			
7	Das Kloster Hersfeld diente nun der Ausbildung von Priestern für die umliegenden Dörfer.			
8	Die Mönche aber brachten alle Bewohner der Region als Heiden um.			
9	Das Kloster Hersfeld erwarb große Besitzungen in Thüringen und wurde bedeutend durch eine Klosterschule, eine Bibliothek und den Anbau von Obst, Gemüse und Kräutern.			
10	Im Jahr 775 übertrug Lullus das Kloster an Karl den Großen als Reichsabtei. Karl besuchte es im Jahr 782 und machte dort mehrmals Station.			
11	Nur ein Kloster von der Größe Hersfelds war als Pfalzort geeignet, da der Hof in wenigen Wochen des Aufenthalts 500 Schweine verspeiste.			
12	In mehr als zehn Urkunden zeigte sich Karl dem Kloster gegenüber erkenntlich und schenkte ihm weiteres Land.			
13	Das Kloster machte als Pfalzort ein riesiges Geschäft, weil dem König enorme Übernachtungskosten in Rechnung gestellt werden konnten.			
14	Nach der Teilung des Frankenreiches war Hersfeld eine Grenzstadt.			
15	Noch heute feiern die Hersfelder im Oktober zu Ehren von Lullus ihr Erntedankfest, das „Lullusfest“.			

2 In der Lebensgeschichte des Bonifatius berichtet sein Biograph, der Priester Willibald von Mainz, von einem aufsehenerregenden Ereignis: Bonifatius fällte die „Donar-Eiche“ bei Geismar in der Nähe von Fritzlar. Informiere dich darüber, was es mit dieser Eiche auf sich hatte und warum Bonifatius sie gefällt hat. Schreibe eine Geschichte dazu.

© 2009 Cornelsen Verlag, Berlin. Alle Rechte vorbehalten.

Förderbogen 5

Zum erfolgreichen Bearbeiten dieses Förderbogens solltest du noch einmal folgende Seite(n) im Buch aufmerksam lesen: **S. 168–169**

Du hast Bonifatius als Missionar der Deutschen kennengelernt und weißt, welche Schritte du machen musst, um einen historischen Sachverhalt zu klären. Auf diesem Bogen kannst du beides wiederholen. Das abgebildete Denkmal stellt den Betrachter vor ein Rätsel. Viel Spaß beim Lösen!

Arbeitsauftrag:

Das Attribut des Heiligen Bonifatius ist das mit einem Schwert durchbohrte Buch. Kläre, welche Geschichte hinter diesen Darstellungen steckt. Gehe Schritt für Schritt vor und nutze dabei die Methode „Einen historischen Sachverhalt klären“ (Buch, S. 169):

M1 Der Heilige Bonifatius, Denkmal vor dem Dom in Mainz

a) Meine Fragestellung:

____

____

____

b) Hier suche ich Material:

____

____

____

c) Dieses Material liefert die besten Aussagen:

____

____

____

d) Die Lösung meiner Frage lautet: ______________________________

____

____

e) Die Attribute (Schwert und Buch) stehen für diesen historisch belegbaren Zusammenhang:

____

____

____

© 2009 Cornelsen Verlag, Berlin. Alle Rechte vorbehalten.

Förderbogen 6

Zum erfolgreichen Bearbeiten dieses Förderbogens solltest du noch einmal folgende Seite(n) im Buch aufmerksam lesen: **S. 170–171**

Könige und Kaiser waren viel unterwegs. Sie herrschten nie von nur einer Stelle aus, sondern kontrollierten ihr Reich auch durch ihre persönliche Anwesenheit und die ihres Hofes und Heeres. Die Historiker haben die Wege genau rekonstruiert, die mittelalterliche Könige genommen haben.

M1 Ein Jahr unterwegs mit Karl dem Großen

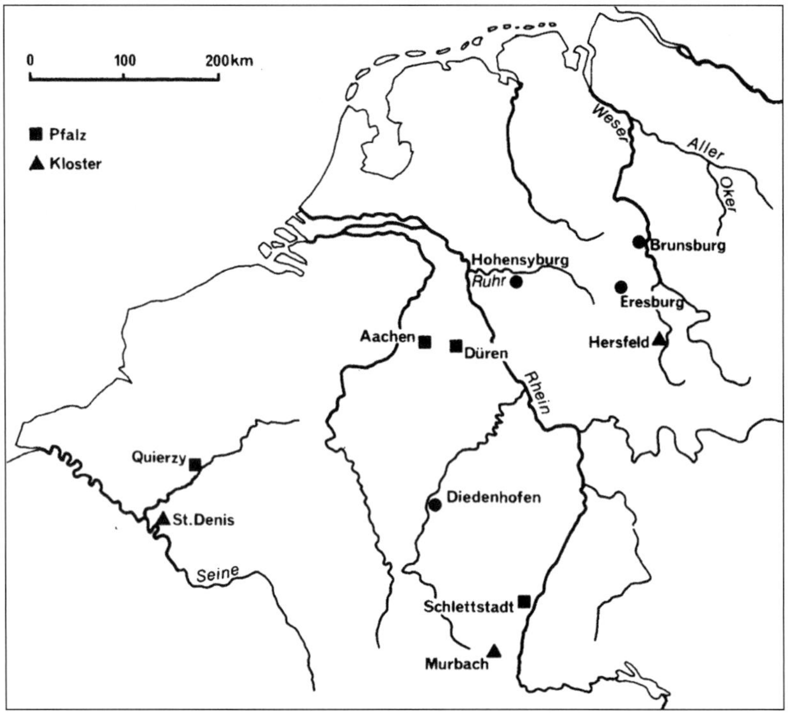

Januar 775: Der Feldzug gegen die Sachsen wird beschlossen.

26. März: Karl feiert in Quierzy das Osterfest.

3. Mai: Karl ist in Diedenhofen.

24. Mai bis 26. Juni: Erneuter Aufenthalt in Quierzy.

Juli: Reichsversammlung in der Pfalz Düren.

Nach dem 3. August: Der Sachsenfeldzug beginnt. Das fränkische Heer marschiert nach Hohensyburg, überschreitet die Ruhr und zieht in die Eresburg ein, die im Jahr zuvor von den Sachsen zerstört worden war. Der Marsch geht weiter nach Brunsberg. Die Sachsen, die Karl am Überschreiten der Weser hindern wollen, werden geschlagen. Vormarsch bis zur Oker; die Westfalen werden geschlagen. Der Feldzug dauert zwei Monate. Karl kehrt mit Geiseln – die er in fränkische Klöster schickt, damit sie „zu Christen erzogen werden" – und mit großer Beute zurück.

Spätestens ab 25. Oktober: Aufenthalt in der Pfalz Düren.

November: Aufenthalt in Diedenhofen und Beschluss, nach Italien zu ziehen.

Dezember: Karl bricht nach Italien auf; er reist zunächst zur Pfalz Schlettstadt, wo er das Weihnachtsfest verbringt.

© 2009 Cornelsen Verlag, Berlin. Alle Rechte vorbehalten.

Arbeitsaufträge:

1 a) Zeichne den Reiseweg des Königs als Luftlinie in die Karte ein.

b) Miss die einzelnen Reisestrecken und berechne, wie viel Kilometer der König und sein Gefolge im Jahr 775 ungefähr zurückgelegt haben:

____

2 Wenn der König und sein Gefolge pro Tag 20 Kilometer zurücklegten, wie viele Tage brauchte Karl dann, um a) von Quierzy nach Diedenhofen, b) von Quierzy nach Düren und c) von Düren nach Schlettstadt zu gelangen?

a) ______________ b) ______________ c) ______________

3 Der Tross Karls kommt in Aachen an. Schreibe in dein Heft eine Geschichte, wie sich seine Hofmannen und die Aachener auf diesen Tag vorbereitet haben.

Förderbogen 7

Zum erfolgreichen Bearbeiten dieses Förderbogens solltest du noch einmal folgende Seite(n) im Buch aufmerksam lesen: **S. 169–170**

Karls wohl wichtigster Weg führte ihn nach Rom, wo der Papst ihn Weihnachten 800 mit der Kaiserkrone der römischen Cäsaren krönte. Daher stammt unser Wort „Kaiser". Dieses Ereignis wird von den Zeitgenossen sehr unterschiedlich wiedergegeben.

M1 Kaiserkrönung nach Einhard

Einhard, Biograph Karls des Großen, schilderte die Kaiserkrönung Karls wie folgt:

Als Karl am Weihnachtstag 800 ehrfürchtig in der Peterskirche in Rom betete, schlich sich Papst Leo III. hinterrücks an ihn heran und setzte dem Verdutzten die Kaiserkrone aufs Haupt. Einhard abschließend: „Hätte Karl vom Vorhaben Leos gewusst, hätte er die Kirche nicht betreten."

Zit. n. Einhard, Vita Caroli Magni, Stuttgart 1996, S. 53.

M2 Kaiserkrönung in der Klosterchronik

In der Chronik des Klosters Lorsch heißt es:

Und weil schon damals das Kaisertum bei den Griechen nicht mehr bestand und sie eine weibliche Herrschaft hatten, erschien es dem Apostelnachfolger Leo selbst und allen heiligen Vätern, die an diesem Konzil teilnahmen, und dem übrigen christlichen Volk, dass sie Karl, den König der Franken, zum Kaiser erheben müssten ... Ihre Bitte konnte König Karl nicht abschlagen, sondern er unterwarf sich mit aller Demut Gott und nahm auf Bitten der Bischöfe und des gesamten Christenvolkes am Fest der Geburt unseres Herrn Jesu Christi den Kaisertitel mit der Segnung durch den Herrn Papst Leo an.

Zit. n. Franz Unterkirchner (Hg.), Wiener Fragment der Lorscher Annalen, Graz 1967, S. 76.

© 2009 Cornelsen Verlag, Berlin. Alle Rechte vorbehalten.

Arbeitsauftrag:

Kläre diesen historischen Sachverhalt mithilfe der Methode auf S. 169.

1. Schritt, Fragestellung formulieren:
Zum Beispiel: Wie ist es möglich, dass ein und dasselbe Ereignis so unterschiedlich beschrieben wird?

2. Schritt, Material sichten:
Wo finde ich etwas über Einhard, wo mehr Informationen über das Kloster Lorsch?

3. Schritt, Material auswählen:
Welche Informationen sind für mich geeignet und aussagekräftig?

4. Schritt, Ergebnis bewerten und Frage beantworten.

Von der Antike zum Mittelalter

M1 Der Elefant von Karl dem Großen

Harun ar-Raschid (763–809) war als Kalif weltlicher und geistlicher Herrscher des islamischen Reiches. Er nahm mit Karl dem Großen diplomatischen Kontakt auf und schickte Gesandte, die neben wertvollem Schmuck und Gewürzen einen weißen Elefanten mit sich führten. Dieser stammte vom anderen Ende von Haruns Reich, aus Indien.
Im Jahr 801 wurde der Elefant, Abul Abbas genannt, in Begleitung von Isaak, einem jüdischen Kaufmann, Dolmetscher und Gesandten Karls, zusammen mit einer kleinen Delegation von Bagdad aus auf den Weg nach Aachen geschickt. Im Oktober des Jahres ist ein Aufenthalt in der Nähe von La Spezia in Italien belegt, wo die Delegation an Land ging.
Im Sommer des darauffolgenden Jahres erreichte der Elefant Aachen, er gilt bis heute als erster Elefant in Mitteleuropa und wurde in einem Gehege der Pfalz gehalten. Die Reichsannalen berichten, dass er 810 nach der Überquerung des Rheins auf einer der Reisen Karls verendete, Karl führte ihn gerne in seinem Hofstaat mit.

(Verfassertext)

M2 Schachfigur: Karl der Große auf seinem Kriegselefanten, Elfenbeinschnitzerei aus Indien, um 1000–1500

© 2009 Cornelsen Verlag, Berlin. Alle Rechte vorbehalten.

1 Beschreibe ausgehend von dieser kurzen Darstellung die politische und religiöse Situation in Europa um 800.

2 Erkläre, warum Harun ar-Raschid nicht schon vorher Kontakt mit Karl dem Großen oder einem anderen Franken aufgenommen hat.

3 Begründe, weshalb der Elefant Abul Abbas nach Aachen gebracht wurde.

4 Erkläre, warum Karl den Elefanten nicht die ganze Zeit über in Aachen ließ, sondern das Tier auf Reisen mitgenommen wurde.

5 Auch heute machen sich Politiker auf Staatsbesuchen Geschenke.

a) Erkläre, welche Zwecke damals und heute mit Staatsgeschenken verfolgt wurden.

b) Welche Gegenstände eignen sich deiner Meinung nach als Staatsgeschenke?

Förderbogen 1

1 Wichtig ist, dass die Rollen den Themenkarten richtig zugeordnet werden: Die Seeleute aus Alexandria kommen aus dem Islamischem Reich (Paläste des Harun ar-Raschid; Idee des Dschihad; Lebensgeschichte des Mohammed). Die Schiffsbesatzung aus Marseille stammt aus dem Frankenreich (Chlodwigs Taufe; Einigung der Stämme). Kreta liegt im Machtbereich des Oströmischen Reiches (Hauptstadt Konstantinopel; König ist Gott; Eroberung der Grenzstadt Adana).
Am meisten Spaß macht das Rollenspiel, wenn nicht nur die einzelnen Seeleute ihre Geschichten erzählen, sondern sich ein Dialog entwickelt, aus dem deutlich wird, in welchen Fragen man nicht einer Meinung ist bzw. was die Menschen voneinander denken.

2 Korsika ist eine arme Insel, die dennoch von allen drei Mächten des Mittelmeeres aufgrund ihrer Lage begehrt wird. Die Korsen werden die Fremden einerseits nicht gemocht haben, weil sie von ihnen häufig überfallen und erobert wurden, andererseits brachten die Fremden Handel und waren interessante Geschäfts- und Bündnispartner. Damit sind Vorteile schon genannt: Hilfe von auswärtigen Mächten, Handel, Sprachen und Einflüsse. Man konnte mit allen drei Kulturen in Berührung kommen und sich „das Beste heraussuchen“. Der Nachteil war sicherlich die Angst vor Eroberung, die Insel wurde zum Spielball der drei großen Mächte.

3 Der Dialog der Männer könnte folgendermaßen aussehen: „Merkwürdig, dass du immer zu einer festen Uhrzeit beten musst. Ich kann jederzeit meine Gebete an Gott und Jesus Christus richten.“ Der arabische Seemann antwortet: „Wir beten beide, aber wir haben dafür strengere Regeln als ihr, was Himmelsrichtung und Uhrzeit angeht.“ „Wie viele Götter rufst du denn nun an, wenn du dich nach Mekka richtest, denn so heißt ja eure heilige Stadt, wie du mir vorhin in der Taverne erzählt hast?“ „Nur den einen natürlich, Allah. Ihr habt doch auch nur einen Gott, und auch ihr opfert ihm nichts, erst recht nicht Blut.“ „Da hast du recht, selbst in Rom oder Jerusalem finden keine Opfer statt.“ „Das Opfern ist bei uns durch den Koran verboten.“ „Was bedeutet Koran?“ „Unsere Heilige Schrift mit ihren Suren und Richtlinien, ihr habt eure Bibel, wir den Koran.” „Ach so, stimmt es nicht sogar, dass eure Heilige Schrift von unserer abgeschrieben ist?“ „Moment mal, da gibt es Gemeinsamkeiten. So kennen beide Religionen den Urvater Abraham.“ „Na, dann frage ich mich, warum es so viel Krieg zwischen uns geben muss. Ich habe eben um besseres Wetter gebeten, damit wir Aleria verlassen können.“ „Das ist eine gute Idee: Möge uns Gott von dieser Insel weglassen!“ „Recht hast du!“

© 2009 Cornelsen Verlag, Berlin. Alle Rechte vorbehalten.

Förderbogen 2

1 Pyrenäen – Grenzmarken – Mauren – muslimischen – 661 – 715 – Cordoba – Tours – Portiers – Hausmeier- Karolinger – König – Pamplona – Markgrafen – Barcelona

Förderbogen 3

1 Die Eroberer setzten die Verbreitung ihrer Religion nicht an erste Stelle. Wichtiger waren ihnen ihre Beute, der Gehorsam und die Gefolgschaft der Bevölkerung. Jeder Einwohner sollte eine Kopfsteuer zahlen. Wenn diese brav entrichtet wurde, reichte dies den Eroberern. Ihre wichtigsten Antriebe waren also politischer (Herrschaft) und wirtschaftlicher (Steuern) Natur.

2 Das Leben im maurischen Spanien war für Christen nicht mit vielen Nachteilen oder gar Verfolgung verbunden. Sie konnten weiterhin sicher in ihren Heimatorten leben, wenn sie die Steuer bezahlten, die in gleicher Höhe auch von Juden zu entrichten war. Christen konnten sogar gesellschaftlich aufsteigen und mussten keine Benachteiligung fürchten. In die Mark wanderten in der Regel nur solche Christen aus, die die anderen Religionen in ihrer Nachbarschaft nicht erdulden wollten oder Christen, die die höheren Steuern nicht bezahlen konnten oder sich der Autorität der Mauren entziehen wollten – beispielsweise bei Kriminalität.

Förderbogen 4

1 bekannte Zusammenhänge (A): 1, 2, 3, 11; neu erworbenes Wissen (B): 4, 5, 6, 7, 9, 10, 12, 15; unwahrscheinliche oder falsche Behauptung (C): 8, 13, 14. Vgl. zu Hersfeld auch Förderbogen 6 (Karte).

2 Die Donar-Eiche galt als heiliger Baum des germanischen Stammes der Chatten. Er stand im Dorf Geismar in der Nähe der Domstadt Fritzlar. Bonifatius kam auf seiner Missionsreise in dieses Gebiet. Die Chatten verehrten noch immer ihre germanischen Götter, besonders Donar, auch Thor genannt. Bonifatius griff zu einem eindrucksvollem Mittel, um die Ohnmacht der Götter zu beweisen: Er ließ die Donar-Eiche in Geismar fällen. Die heidnischen Chatten erwarteten nun einen Racheakt ihrer Götter, aber es passierte nichts! Daran sollten die Chatten erkennen, dass ihre alten Götzen keine Macht mehr besaßen und dass sie sich Jesus zuwenden sollten. Bonifatius ließ aus dem Holz des mächtigen Baumes eine Kapelle errichten, die er dem Apostel Petrus weihte und aus der sich ein Kloster entwickelte.
Am besten, ihr verfasst die Geschichte aus der Perspektive des Bonifatius und berichtet auch von seinen Gedanken. Möglich wäre es auch, dass ihr von einem Germanen berichtet und was in ihm vorgeht.

Förderbogen 5

1 **a)** Warum wird Bonifatius mit einem Schwert dargestellt, das ein Buch durchbohrt, obwohl er ja ein friedlicher Missionar war? Hat er selbst das Schwert hineingesteckt oder war es jemand anderes? Meine Fragestellung lautet daher: „Welche Aussage steckt hinter der Darstellung des Bonifatius mit dem vom Schwert durchbohrten Buch?“

b) und **c)** Material suche ich zunächst über eine Internetsuchmaschine mit den Begriffen „Bonifatius Buch Schwert“.
Folgende Seiten konnte ich finden (Stand: 26.1.09):
http://www.uni-giessen.de/~g41007/bonifaz.html (liefert eine weitere Abbildung und Erklärung)
http://www.erzbistum-muenchen.de/EMF101/EMF010003.asp (Legende über den Tod des Bonifatius wird erzählt)
http://hsozkult.geschichte.hu-berlin.de/termine/id=2822 (Ankündigung einer Konferenz, sagt nichts über die Bonifatiusdarstellung)
http://downloads.kirchenserver.net/1/39/1/11153797415600270.pdf (Predigt über Bonifatius, sein Leben wird erzählt)
http://www.kirche-im-swr.de/mprint.php?id=4757 (interessant, da kurz die Bedeutung des Schwertes erwähnt wird)
Weiterhin kann man in der Bibliothek folgende aktuelle Bücher befragen, die alle auch die Darstellung mit dem Schwert erklären:
Lutz E. von Padberg, Bonifatius – Missionar und Reformer, München (C. H. Beck) 2003.

Joseph Bernhart, Bonifatius – Apostel der Deutschen, Weißenhorn (Anton H. Konrad Verlag) 2005.
Hubertus Lutterbach, Bonifatius – mit Axt und Evangelium. Eine Biographie in Briefen, 2. Aufl., Freiburg (Herder) 2005.

d) Bonifatius wurde von heidnischen Friesen überfallen. Er versuchte sich mit der Bibel vor dem Angriff zu schützen. Das Buch wurde dabei durchbohrt. Bonifatius starb als Märtyrer.

e) Die Bibel steht für die Missionierung, Bonifatius' Versuch durch die Religion, durch das Wort, zu überzeugen. Das Schwert steht für den barbarischen Angriff der heidnischen Friesen, die mit Gewalt antworteten. Als Heiliger trägt Bonifatius dieses durchbohrte Buch vor sich her, mit dem er sich geschützt hat.

Förderbogen 6

1 a) und **b)** Kriegsregion Sachsen – Quierzy: 7,5 cm; Quierzy – Diedenhofen: 3,2 cm; Diedenhofen – Quierzy: 3,2 cm; Quierzy – Düren: 3,4 cm; Düren – Hohensyburg: 1,1 cm; Hohensyburg – Eresburg: 1,4 cm; Eresburg – Brunsburg: 0,6 cm; Brunsburg – Okerfluss: 1,2 cm; Oker – Kloster Hersfeld: 2,2 cm; Hersfeld – Düren: 2,8 cm; Düren – Diedenhofen: 2,0 cm; Diedenhofen – Schlettstadt: 1,8 cm.
Maßstab: 2,5 cm auf der Karte entsprechen 200 km in der Natur; 1 cm auf der Karte entspricht 200 : 2,5 = 80 km in der Natur. Karls Wegstrecke auf der Karte beträgt 30 bis 31 cm, das entspricht ca. 2500 km (Rechnung: 80 km x 31 = 2480 km).

2 a) 13 Tage; **b)** 14 Tage; **c)** 15 Tage (über Diedenhofen). (Die Ergebnisse sind auf volle Tage aufgerundet.)

3 Der Aufenthalt des Kaisers war eine organisatorische Meisterleistung, für die hochrangige Fürsten wie der Mundschenk, Truchsess oder Marschall mitverantwortlich waren. Auch der Aachener Pfalzgraf hatte alle Hände voll zu tun. Insbesondere musste Nahrung und ein Vorrat an Wein vor Ort sein. Wochen vorher mussten die Vorräte beschafft werden. Auch für die zahlreichen Gottesdienste musste man sich vorbereiten. Neue Pferde waren genauso gefragt wie Handwerker, Tuchhändler, Schneider. Wenn Karls Hof nach Aachen kam, blühte der Handel in der Pfalz. Deine Geschichte sollte also sowohl die Sicht der Organisatoren als auch der Aachener beinhalten, die ihre Stadt vorbereiten mussten.

Förderbogen 7

1. Schritt: Wie ist es möglich, dass ein und dasselbe Ereignis so unterschiedlich beschrieben wird?
2. Schritt: Zu Einhard: http://de.wikipedia.org/wiki/Einhard; http://www.bautz.de/bbkl/e/einhard.shtml; http://www.heiligenlexikon.de/BiographienE/Einhard.htm; http://www.dibb.de/einhard-karl-der-grosse.php (Stand: 26.1.09) oder in allen größeren Lexika oder Nachschlagewerken zum Mittelalter.
Zum Kloster Lorsch: http://www.kloster-lorsch.de; http://de.wikipedia.org/wiki/Kloster_Lorsch; http://www.unesco.de/304.html?&L=0; am besten neben der Klosterhomepage sicherlich: http://www.sino.uni-heidelberg.de/students/tjuelch/Andere%20Staedte/Lorsch/Kloster.htm (Stand: 26.1.09)
3. Schritt: Siehe Auswahl von guten Seiten in Schritt 2.
4. Schritt: Einhard war ein Vertrauter Karls, der den Kaiser in gutem Licht darstellen und jeden Verdacht, Karl habe die Kaiserkrone angestrebt, zerstreuen will. Er will mit seiner Erzählung zeigen, dass die Initiative nicht von Karl ausging, sondern vom Papst. Einhard behauptet sogar, dass Karl nie den Dom betreten hätte, hätte er gewusst, was folgte. Dagegen sprechen die Annalen des großen Klosters Lorsch, das zum Papst in Rom in einer engen Beziehung stand, eine andere Sprache: Hier ist von langer Vorbereitung und einer Konferenz, Synode, die Rede, auf der nicht nur der Papst, sondern auch alle anderen Anwesenden sich für Karl ausgesprochen hätten. Merkwürdig ist auch, dass Karl zu Weihnachten nach Rom reiste, obwohl er sonst in seinen Pfalzorten das hohe Fest feierte. Die Darstellung des Klosters ist glaubwürdiger als der Bericht Einhards. Zu sehr hat Einhard das Image seines Kaisers im Blick und ignoriert, dass Karl auch ein Machtpolitiker war.

Lernerfolg

1 Zur Zeit Karls des Großen hatte sich die Landkarte in Europa verändert: Aus vielen kleinen Reichen, die gegeneinander kämpften, hatten die Karolinger ein fränkisches Reich geschaffen, das große Teile West- und Mitteleuropas umfasste. Die zweite Großmacht war das Oströmische Reich mit Konstantinopel als Hauptstadt. Konstantinopel und Rom konkurrierten darum, wichtigstes Zentrum der Christenheit zu sein. Sowohl das Frankenreich als auch das Oströmische Reich hatten unter der Expansion (Ausbreitung) des Islamischen Reiches, der dritten Großmacht, zu leiden. Binnen weniger Jahrhunderte hat sich die islamische Herrschaft bis an die Grenzen des Oströmischen Reiches und nach Spanien ausgebreitet. Dementsprechend gab es drei Religionen, die im Mittelmeerraum und Europa vorherrschten: die christliche Religion, das Judentum und den Islam. Die Kriege zwischen den Reichen waren jedoch keine Glaubenskriege, sondern solche um Territorien und Macht.

2 Warum sollte sich Harun ar-Raschid als mächtiger Herrscher mit den vielen kleinen Fürsten und Königen abgeben, die in Mitteleuropa herrschten? Erst mit Karl hatte er einen ebenbürtigen Gegenspieler. Außerdem hatte die Ausbreitung des Islamischen Reiches im Mittelmeerraum bis nach Spanien zu Konflikten geführt, es war Gesprächs- und Verhandlungsbedarf entstanden. Beide Reiche begegneten sich nun als Großmächte auf Augenhöhe.

3 Aachen war zwar nicht die Hauptstadt des Frankenreiches, aber der Kaiser war dort gekrönt worden und hielt sich dort sehr häufig auf. Aachen lag zwischen den wichtigsten Landesteilen, besaß die größte Pfalz und war also das bedeutendste Quartier Karls. Für die Gesandten des Kalifen Harun konnte nur Aachen der erste Anlaufpunkt sein.

4 Karl hatte keinen festen Regierungssitz, sondern reiste mit seinem Hofstaat von Pfalz zu Pfalz, um persönlich vor Ort zu regieren. Mit dem Elefanten konnte er Fürsten und Volk in Erstaunen versetzen, er konnte das Tier als Zeichen seiner Macht und seiner weiten politischen Verbindungen präsentieren und zeigen, welche Wertschätzung er bei Harun ar-Raschid, einem fernen mächtigen Herrscher, genoss. Dies festigte seine Stellung bei Fürsten und Untertanen.

5 Der Kalif schenkte Karl einen Elefanten, um ihn zu beeindrucken und ihm seine Macht, aber auch Wertschätzung zu zeigen. Karl sollte sehen, dass er weder Kosten noch Mühen gescheut hatte, um dieses exotische Tier nach Aachen zu bringen. Heute wie vor hunderten Jahren haben Staatsgeschenke den Zweck, die gegenseitige Wertschätzung zu demonstrieren und den Aufbau guter Beziehungen zwischen zwei Ländern zu unterstützen. Wichtig ist die Auswahl des Geschenks. Es sollte etwas sein, das typisch für das eigene Land ist, für seine Natur, Kultur, Kunst oder Technik, aber das zugleich auch selten und kostbar ist. Harun konnte mit dem Elefanten zeigen: Schau mal, Karl, in meinem Land gibt es derart große Tiere. Staatsgeschenke gehören heute nicht den Politikern persönlich, sondern dem Land. Oft werden sie als seltene Kunstwerke in Museen aufbewahrt.

© 2009 Cornelsen Verlag, Berlin. Alle Rechte vorbehalten.

5. Europa im Mittelalter

5.2 Mittelalterliche Lebenswelten

Ich kann, weiß, verstehe …	Sehr sicher	Sicher	Unsicher	Sehr unsicher	Hilfen finde ich hier:
1 Ich kann beschreiben, welche Einflüsse das Leben in einem mittelalterlichen Dorf prägten.					S. 175–185 Förderbogen 1
2 a) Ich kann den Alltag einer Bauernfamilie nacherzählen und					S. 177 Förderbogen 1
b) die Nacherzählung selbst weiterführen.					
3 Ich kann erläutern, in welchen rechtlichen Beziehungen die Menschen im Dorf lebten.					S. 178, 180 f. Förderbogen 1
4 a) Ich kann verschiedene Dorftypen unterscheiden und					S. 181 Förderbogen 1
b) weiß, weshalb diese Formen so entstanden sind.					
5 a) Ich kann den Begriff „Grundherrschaft" an einem selbst gewählten Beispiel erläutern					S. 182 f., 188–190 Förderbogen 2
b) und kann ihn vom Begriff „Lehnswesen" unterscheiden.					
6 Ich kann erläutern, was Frondienst war.					S. 182
7 Ich kann anhand einer Sachquelle etwas über Zusammenleben, Recht und Wirtschaft im Mittelalter herausfinden.					S. 184 Förderbogen 2
8 Ich kann begründen, warum das Reich ein „Personenverbandsstaat" war.					S. 186–190 Förderbogen 3
9 Ich kenne verschiedene Adelstitel im Mittelalter und kann sie in eine Rangordnung bringen.					S. 174–237 Förderbogen 3
10 Ich kann anhand einer Abbildung zeigen, wie Herrscher im Mittelalter durch Gesten „Politik machten".					S. 191
11 Ich kann verschiedene Burgtypen erkennen und erklären, wie man sie verteidigt.					S. 192 Förderbogen 4
12 a) Ich kann den Aufbau einer Burg zeichnen und					S. 193 Förderbogen 4
b) einer Familie ein sinnvolles Wappen zuordnen.					
13 a) Ich kann vom Leben eines Burgfräuleins berichten und					S. 194–196 Förderbogen 4
b) den Begriff „Minne" von „Liebe" unterscheiden.					
14 a) Ich kann die Anforderungen an einen Ritter beschreiben und					S. 196 f.
b) daraus Rückschlüsse auf die Wirklichkeit ziehen.					
15 Ich weiß, wann und durch wen meine Stadt bzw. Gemeinde gegründet wurde.					S. 198 f. Förderbogen 5
16 a) Ich kann verschiedene Städtetypen unterscheiden und					S. 198 f. Förderbogen 5
b) Beispiele aus meinem Bundesland für sie nennen.					
17 a) Ich kann erklären, wie man in der Stadt Bürger wurde und					S. 200 f. Förderbogen 6
b) welche Pflichten Bürger hatten.					
18 Ich kann mir eine sinnvolle Marktordnung überlegen, die auch heute auf einem Wochenmarkt funktioniert.					S. 204 f. Förderbogen 6
19 Ich kann anhand der Stadt Köln erklären, warum sich die Stadtbewohner von ihrem Stadtherrn befreien wollten.					S. 206 f.
20 Ich kann Wissensbereiche nennen, die für Leben und Arbeit in einem mittelalterlichen Kloster wichtig waren.					S. 208–211 Förderbogen 7
21 a) Ich kann Beispiele dafür nennen, dass Menschen ihre Position in der Ständegesellschaft verändern konnten, und					eigene Überlegungen
b) kann dies mit unserer heutigen Gesellschaft vergleichen.					

© 2009 Cornelsen Verlag, Berlin. Alle Rechte vorbehalten.

Förderbogen 1

Zum erfolgreichen Bearbeiten dieses Förderbogens solltest du noch einmal folgende Seite(n) im Buch aufmerksam lesen: **S. 175–181**

Im Mittelalter lebten die meisten Menschen auf dem Land und waren Bauern. Über ihre Lebensumstände erfährst du etwas aus der Geschichte des Bauern Wigbert (Buch, S. 177, M4). Lies dir die Geschichte noch einmal aufmerksam durch und beantworte dann die folgenden Fragen.

Arbeitsaufträge:

1 Wigberts Dorf wurde um das Jahr 1080 gegründet. Dazu wurde im Wald eine Lichtung gerodet.

a) Beschreibe mithilfe von M1 auf S. 180, wie ein Dorf aufgebaut war.

____

____

____

____

b) Beschreibe in deinem Heft, warum Familien ihre Heimat verließen und neue Dörfer gründeten.

2 Entscheide und begründe, zu welchem Dorftyp Wigberts Dorf gehört haben mag (Buch, S. 181, M4).

____

____

3 Der Schwiegervater von Wigbert war der Dorfälteste. Er versammelte nach der Rodung alle Dorfbewohner und setzte mit dem Pfarrer der Nachbargemeinde ein Weistum auf.

a) Erkläre den Begriff „Weistum“.

____

____

b) Formuliere eine Dorfordnung, die folgende Punkte berücksichtigt: abgelegene Lage des Dorfes, Streitigkeiten über Feldergrenzen, Nutzung des Baches, Verhältnis zum ursprünglichen Dorf. Schreibe in dein Heft.

4 Anhand von M4 auf S. 177 kannst du sehen, wie die Tiere, die mit den Menschen im Dorf lebten, für viele Aufgaben herhalten mussten. Zähle verschiedene Aufgaben der Tiere auf.

____

____

5 Wigberts Dorf wurde nach wenigen Jahrzehnten aufgegeben. Es „fiel wüst“; die Familien zogen wieder in das alte Dorf zurück, weil die neue Siedlung zu einsam und klimatisch ungünstig war. Schreibe in dein Heft, welche Spuren (nicht nur Gegenstände!) du als Mittelalterarchäologe finden könntest.

© 2009 Cornelsen Verlag, Berlin. Alle Rechte vorbehalten.

Förderbogen 2

Zum erfolgreichen Bearbeiten dieses Förderbogens solltest du noch einmal folgende Seite(n) im Buch aufmerksam lesen: **S. 182–185**

Um Getreide zu mahlen, brauchte es die Kraft des Wassers oder des Windes. Im Mittelalter gab es nicht nur an den Küsten Mühlen, sondern auch in den Mittelgebirgen. Anhand der Nutzung einer solchen Mühle kannst du viel über das Leben der Landbevölkerung und deren Rechte gegenüber den Grundherren herausfinden. Außerdem sind Mühlen „Sachquellen", die uns etwas zu sagen haben.

Arbeitsaufträge:

1 Untersuche die Sachquelle Windmühle (M1). Gehe nach dem Schema von S. 184 vor und schreibe in dein Heft.

1. Schritt: Sachquelle beschreiben

2. Schritt: Funktion der Sachquelle erkunden

3. Schritt: Geschichtliche Bedeutung erschließen

2 Die Menschen auf dem Land waren unterschiedlich stark vom Grundherrn abhängig. Erläutere die Stellung

a) eines Leibeigenen,

b) eines Grundholden bzw. Hörigen und

c) eines freien Bauern

anhand der Nutzung der Mühle. Schreibe in dein Heft.

3 Die Bauern waren zum Mahlen ihres eigenen Getreides auf die Mühle des Grundherrn angewiesen.

a) Überlege dir ein Gespräch zwischen einem hörigen Bauern und seinem Grundherrn über die Nutzung der Mühle. Schreibe in dein Heft.

b) Beschreibe, wie ein freier Bauer durch die Nutzung der Mühle in die Abhängigkeit eines Grundherrn geraten konnte.

M1 Bockwindmühle,
Zeichnung

© 2009 Cornelsen Verlag, Berlin. Alle Rechte vorbehalten.

Förderbogen 3

Zum erfolgreichen Bearbeiten dieses Förderbogens solltest du noch einmal folgende Seite(n) im Buch aufmerksam lesen: **S. 186–197**

Die Ritter leisteten als Lehnsleute ihrem Herrn Kriegsdienst. Seit dem 14. Jahrhundert wurden ihre Dienste kaum noch gebraucht. Sie versuchten daher, als Raubritter ihren Lebensunterhalt zu sichern.

Arbeitsaufträge:

1 Ordne folgende Adelstitel ihrem Rang nach:

Freiherr – Graf – Baron – Kaiser – Herzog – Fürst – Erzherzog – Ritter – König – Landgraf – Kurfürst

____

____

2 Werner Kalb von Reinheim gilt für uns heute als Raubritter. Er griff um 1380 Städte wie Frankfurt und Worms an und erpresste die Bürger und Stadtherren. Die folgenden Personen hätten sein Unwesen stoppen können. Zeige, wie sie gegen Werner vorgehen konnten.

Werners Bruder Friedrich sagt: ______________________________

____

Der Erzbischof von Mainz sagt: ______________________________

____

Der Rat der Stadt Worms sagt: ______________________________

____

König Wenzel sagt: ______________________________

____

© 2009 Cornelsen Verlag, Berlin. Alle Rechte vorbehalten.

3 Viele solcher Konflikte wurden durch den Schwur eines Landfriedens gelöst, an dem sich verschiedene Herrschaftsträger beteiligten. Formuliere einen Bündnisschwur, den alle in Aufgabe 2 genannten Personen schwören, um den Frieden herzustellen:

„Wir geloben bei Gott und auf den Namen unseres Königs Wenzel, dass ______________________________

____

____

____."

4 Der deutsche König Wenzel wurde im Jahr 1400 von den Kurfürsten wegen Untätigkeit abgesetzt.

a) Erkläre an diesem Beispiel, warum das Lehnswesen zu dieser Zeit nicht mehr funktionierte.

b) Begründe, warum das Aufkommen von Städtebünden und unabhängigen Grafschaften als „Ende des Personenverbandsstaates" angesehen werden kann. Schreibe ins Heft.

Förderbogen 4

Zum erfolgreichen Bearbeiten dieses Förderbogens solltest du noch einmal folgende Seite(n) im Buch aufmerksam lesen: **S. 192–196**

Burgen waren im Mittelalter sichtbare Zeichen von Macht. Zugleich waren sie Verteidigungsanlagen und Wohnsitze des Adels. Auf der Burg gab es eine feste Verteilung der Rollen zwischen Herren und Bediensteten sowie zwischen Männern und Frauen.

Arbeitsaufträge:

1 Beschreibe anhand der Zeichnung des Palas (M1) die Aufgabenverteilung zwischen

a) Burgherrn und Gesinde:

____

____

____

____

b) adligen Männern und adligen Frauen:

____

____

____

____

M1 Leben in einer mittelalterlichen Burg, Rekonstruktionszeichnung

2 Suche drei mittelalterliche Burgen in Nordrhein-Westfalen und bestimme deren Burgtyp.

____

____

3 Minne ist nicht gleich Liebe. Suche Gemeinsamkeiten und Unterschiede.

Aspekte:	Minne im mittelalterlichen Sinn	Liebe zwischen Mann und Frau
Verehrung einer Frau		
Aktive Werbung um Beziehung		
Sexualität		

© 2009 Cornelsen Verlag, Berlin. Alle Rechte vorbehalten.

Förderbogen 5 Zum erfolgreichen Bearbeiten dieses Förderbogens solltest du noch einmal folgende Seite(n) im Buch aufmerksam lesen: **S. 198–207**

Checkliste zur Erforschung einer mittelalterlichen Stadt

1. Wann wurde die Stadt gegründet (urkundliche Erwähnung)?

___

2. Durch wen wurde sie gegründet?

___

3. Seit wann gab es einen Markt (Privileg?)

___

4. War der Gründer auch der Stadtherr?

___

5. Lebten vorher auch schon Menschen dort?

___

6. Gab es ein Kloster oder eine Abtei oder einen Dom?

___

7. Seit wann gibt es eine Stadtmauer?

___

8. Finde die Namen von Stadttoren heraus:

___

___

9. Seit wann gibt es eine Stadtmauer?

___

10. Wurde sie erweitert? Wann?

___

11. Wie hießen Vororte oder Vorstädte?

___

___

___

12. Wo residierte der Stadtherr?

___

13. Gab es Höfe oder Häuser von Adligen?

___

___

14. Gab es einen oder mehrere Marktplätze? Wo? Für welche Waren?

___

___

15. Wo lagen Hospitäler, Siechen- oder Pesthäuser?

___

___

16. Welche Straßennamen erinnern noch heute an Handwerkernamen?

___

___

17. Gab es ein Judenviertel oder eine Judengasse bzw. eine Synagoge?

___

___

18. Zeichne das Wappen der Stadt in dein Heft.

Hilfe findest du hier:

- Historische Karten (Chronik?)
- Stadtbibliothek (lokale Abteilung)
- Stadtarchiv (Ansprechpartner)
- Internetseiten (zur Geschichte der Stadt)
- Heimatforscher, historische Vereine
- Institut für Stadtgeschichte Münster: *www.uni-muenster.de/Staedtegeschichte/Institut.shtml*

© 2009 Cornelsen Verlag, Berlin. Alle Rechte vorbehalten.

Förderbogen 6

Zum erfolgreichen Bearbeiten dieses Förderbogens solltest du noch einmal folgende Seite(n) im Buch aufmerksam lesen: **S. 198–205**

In der mittelalterlichen Stadt gab es verschiedene soziale Gruppen, die unterschiedliche Rechte und Interessen sowie unterschiedlichen Einfluss auf die Politik der Stadt hatten: Stadtherr, Rat, Zünfte, Bruderschaften, Kirchengemeinden. Häufig gab es Streit um die Macht.

Arbeitsaufträge:

1 Lies dir S. 204 f. durch und entscheide.

Behauptung	wahr	falsch
Handwerker konnten Zünften beitreten, um Vorteile im Beruf zu haben.		
Die Stadtherren regelten die Mitgliedschaft in den Zünften.		
Die Zünfte schufen Standards für Ausbildung, Herstellung, Qualität und Preis.		
Die Berufsverbände wirkten an Kirchenprozessionen und der Stadtverteidigung mit.		
Auf mittelalterlichen Märkten bestimmten Angebot und Nachfrage den Preis.		

2 In der Nähe des Marktes gab es oft auch ein Kaufhaus, in dem Waren vor der Witterung geschützt feilgeboten wurden.

a) Finde Gründe dafür, warum die Ratsherren (Patrizier) für den Bau eines Kaufhauses waren.

____

____

____

____

b) Im 14. Jh. übernahmen vielerorts die Zünfte die Kontrolle über die Kaufhäuser. Erkläre, warum sie die Patrizier bekämpften.

____

____

M1 Mittelalterliches Kaufhaus in Mainz, Gemälde, 18. Jahrhundert

____

____

3 Verfasse in deinem Heft eine Marktordnung, die folgende Konflikte regelt:

- Finanzielles Interesse der Patrizier und der Zünfte
- Interessen von Kaufleuten aus der Stadt und von außerhalb
- Gültigkeit von Maßeinheiten und Währungen
- Verwendung der Einnahmen aus der Vermietung von Ständen
- Zulassung jüdischer Handwerker
- Zutritt von Frauen
- Kontrolle der Marktaufseher

© 2009 Cornelsen Verlag, Berlin. Alle Rechte vorbehalten.

Förderbogen 7

Zum erfolgreichen Bearbeiten dieses Förderbogens solltest du noch einmal folgende Seite(n) im Buch aufmerksam lesen: **S. 208–211**

Klöster waren nicht nur Orte von Rückzug und religiöser Versenkung. Neben dem Gebet prägte die Arbeit den Alltag der Klosterinsassen. Und damit war nicht nur Feld- und Gartenarbeit gemeint. Auf diesem Bogen kannst du kennenlernen, auf welchen Gebieten Klöster im Mittelalter führend waren.

Arbeitsaufträge:

1 Wenn man an einer heutigen Universität studiert, findet man viele Fächer, die durch die Arbeit im Kloster einen großen Wissensfortschritt erlebten. Notiere Stichworte und Gedanken zu den Disziplinen (beachte auch die Quellen und Zeichnungen S. 208–211).

Medizin: ____________________

____

Landwirtschaft: ____________________

____

Heilmittelkunde: ____________________

____

Religionswissenschaft: ____________________

____

Tiermedizin: ____________________

____

Pflanzenkunde: ____________________

____

Philosophie: ____________________

____

Sprachwissenschaften: ____________________

____

Erziehungswissenschaften: ____________________

____

Wirtschaftswissenschaften: ____________________

____

2 Recherchiere im Internet zum Begriff „Klosterreform" und erkläre, warum so häufig neue Orden gegründet wurden, die einen Neuanfang im Klosterleben forderten. Schreibe in dein Heft.

© 2009 Cornelsen Verlag, Berlin. Alle Rechte vorbehalten.

Mittelalterliche Lebenswelten

Wir verfolgen die Geschichte von Gerald, geboren um 1150 als zweiter Sohn des Hörigen Egbert. Gerald wächst im Dorf Krauthausen auf, das zum Grundbesitz eines Barons gehört.

1 Stell dir vor, in welchen Verhältnissen Gerald vermutlich aufwuchs.

a) Beschreibe kurz die allgemeinen Lebensverhältnisse in Krauthausen (folgende Stichpunkte können dir helfen: Arbeit, Familie, Wohnen, Ernährung, Religion, Bildung, Herrschaft).

b) Charakterisiere das Verhältnis Geralds zum Baron von Krauthausen, dem Grundherrn der Familie.

2 Als Gerald erwachsen ist, entschließt er sich, sein Dorf zu verlassen. „Stadtluft macht frei", davon hat er gehört.

a) Nenne Motive, warum Gerald sein Dorf verlassen möchte.

b) Erkläre, warum Gerald in die Stadt gehen möchte.

c) Begründe, warum Geralds Plan aus Sicht seines Grundherrn strafbar ist.

© 2009 Cornelsen Verlag, Berlin. Alle Rechte vorbehalten.

3 Gerald kommt nach Köln, in eine mittelalterliche Großstadt.

a) Beschreibe, welche baulichen Elemente eine Stadt im Mittelalter kennzeichnen.

b) Nach zwölf Jahren wird Gerald das Bürgerrecht verliehen. Stelle zusammen, über welche Schritte er das geschafft haben mag.

4 Gerald schließt sich dem Protest der Patrizier und Handwerker gegen den Erzbischof an, der der Stadtherr von Köln ist. Nenne Gründe, warum sie eine Selbstverwaltung fordern.

5 Als Gerald krank wird, lässt er sich in einem Kölner Hospital pflegen, das von einem Orden unterhalten wird.

a) Begründe, warum die Ordensbrüder sich der Pflege von Kranken widmeten.

b) Finde Gründe, warum auch ein mittelalterliches Hospital eine Forschungsstätte und ein Wirtschaftsunternehmen war.

6 Beurteile die Karriere des Hörigen Gerald – war ein solcher Lebensweg im Mittelalter normal?

Förderbogen 1

1 **a)** Ein Dorf bestand aus verschiedenen Höfen mit einzelnen Wirtschaftsgebäuden und Stallungen. Die Höfe waren durch Wege verbunden. Um Tiere zu halten und Grenzen zu markieren, baute man Zäune und „friedete das Dorf ein“. Ein Bach sorgte für Wasserzufuhr und konnte als Energiequelle dienen.

b) Ein wichtiger Grund für solche Neugründungen war das Wachstum der Bevölkerung. Männliche Nachkommen mit ihren Familien brauchten Land, das sie bewirtschaften konnten. Waldflächen wurden dann gerodet, um einen neuen Lebensraum zu schaffen.

2 Weil das Dorf Ergebnis einer Rodung ist und sich in einem Tal im Wald befindet, ist es dem Typ Nr. 4 (Waldhufendorf) zuzuordnen.

3 **a)** Ein Weistum ist eine schriftliche Sammlung des im Dorf geltenden Gewohnheitsrechts. Die Dorfgemeinschaft einigt sich auf Rechte und Pflichten. Das Weistum beschreibt die Spielregeln des Dorfes.

b) Alle Bewohner des Dorfes sollen sich an folgende Regeln halten: Alle verpflichten sich, Hunde und Gänse zu Bewachung des Dorfes zu halten, um so Überfälle von Menschen oder Tieren zu verhindern. Feldsteine markieren die Grenzen. Sie werden von allen Bauern gemeinschaftlich verlegt an markanten und wiederauffindbaren Punkten. Der Bach darf zum Waschen, Gerben und für andere Tätigkeiten, die ihn verunreinigen, nur unterhalb des Dorfes genutzt werden. Der Pfarrer von Geralds altem Dorf hat sich verpflichtet, auch im neuen Dorf die Messe zu lesen. Das Erntedankfest findet gemeinsam statt.

4 Gänse (Bewachung, Daunen, Fleisch, Fett); Kühe (Milch, Käse, Quark, Tierhaut, Sehnen); Hühner (Eier, Federn, Fleisch); Schafe (Wolle, Fleisch, „Landschaftspflege“); Hunde (Bewachung, Tieraufsicht).

5 Neben Mauerresten sind es Funde aus Gräbern wie Schnallen, Spangen, Knöpfe, Klingen, Kämme, Schmuck. Dann aber auch Tierknochen, Essensreste, vielleicht ein Brunnen. Überreste der Häuser und Feuerstellen mit Verfärbung der Erde, Nägel, Scharniere, Werkzeuge bis hin zu Münzfunden – je nach Größe und Reichtum des Dorfes.

Förderbogen 2

1 *1. Schritt*: Es handelt sich um eine Windmühle aus Holz, die auf einem Gerüst steht. Sie besteht aus Flügeln, Gestänge, Haus, Mahlwerk, Abfüllung und einem Eingang.

2. Schritt: Die Mühle dient dem Mahlen von Getreide, indem die Kraft des Windes auf einen Mühlstein übertragen wird. Dieser soll aus Korn Mehl mahlen. Das gesamte auf einen Sockel montierte Mühlenhaus kann in die Windrichtung gedreht werden.

3. Schritt: Die frühesten Nachrichten über Windmühlen stammen aus dem 10. Jahrhundert aus Persien. In Europa wurden die ersten Windmühlen um 1200 gebaut. Sie waren neben den Wassermühlen wichtige Maschinen, die die menschliche Kraft ersetzen konnten. Hätte die Windkraft diese anstrengende Arbeit nicht übernommen, so hätten die Menschen mit Muskelkraft oder mithilfe von Tieren das Mühlrad bewegen müssen. Die Nutzung des Windes war eine große Erleichterung. Wer eine Mühle hatte, war klar im Vorteil.

2 Leibeigene: gehören zum Besitz des Grundherrn, müssen sein Getreide mahlen. Die hörigen Bauern leben im Rechtsbereich des Grundherrn, der ihnen als Gegenleistung für seinen Schutz Arbeitsleistungen an der Mühle abverlangen darf. Sie dürfen auch ihr eigenes Getreide in der Mühle mahlen, müssen aber einen Teil davon als „Gebühr“ an den Grundherrn abgeben. Der freie Bauer hat keine Rechte oder Pflichten an der Mühle.

3 **a)** „Mein lieber Hans, wie war die Ernte in Hörigenhausen?“ „Wie Ihr seht, prächtig, mein Herr.“ „Du weißt, fünf Tage müsst ihr Hörigenhäuser Bauern mir hier zur Hand gehen, das ist schon seit Zeiten meines Vaters so.“ „Ja gewiss, und jeder zehnte Sack des Getreides geht auch an Euch, Herr.“ „Bei anderen Dörfern ist das auch noch mehr, aber ich kann ja sicher sein, dass ihr kein Mehl vor mir versteckt, denn selbst werdet ihr es bei euch kaum mahlen können. Ihr müsst ja sofort wieder aufs Feld, wenn ihr euren Dienst geleistet habt.“ „Ja, Herr, ehrlich währt am längsten! Und zum Schwarzmahlen hat wirklich keiner Eurer Holden Zeit.“

b) Der Grundherr wird sich einen Preis für die Nutzung seiner Mühle überlegt haben und weist dem freien Bauern einen Termin zu. Der liegt wahrscheinlich dann, wenn die Arbeit schon wieder anderweitig gemacht werden muss. In jedem Fall ist der freie Bauer auf den Grundherrn angewiesen. Wenn er den verlangten Preis nicht entrichten kann, so muss der Bauer Schulden machen, aus denen er vielleicht auch im nächsten Jahr mit schlechter Ernte nicht herauskommt.

Förderbogen 3

1 In aufsteigender Folge: Ritter, Freiherr, Baron, Graf, Landgraf, Fürst, Herzog, Kurfürst, Erzherzog, König, Kaiser.

2 *Werners Bruder* sagt: „In unserer Familie hat es ein solches Verhalten noch nicht gegeben. Du bringst die Obrigkeit und Gott gegen uns auf! Höre auf zu kämpfen, sonst helfe ich dir nicht mehr und bin gezwungen, mich deinen Gegnern anzuschließen.“

Der *Erzbischof von Mainz* sagt: „Es ist gegen die Kirche und die Religion, Unschuldige zu überfallen und nur auf den eigenen Vorteil zu zielen. Lass die Männer Gottes, unsere Klöster und Pfarreien in Ruhe und sorge für Frieden im Land!“

Der *Rat der Stadt Worms* sagt: „Du wolltest uns helfen, hast aber nun auch unsere Bürger überfallen. So haben wir nicht gewettet. Wenn das nicht aufhört, werden verschiedene Städte sich zusammenschließen und dein Räubernest ausräuchern.“

König Wenzel sagt: „Du hast kein Recht, selbst Richter über Gut und Böse zu spielen. Wir werden zusammen mit den Ständen Unseres Reiches dir das Handwerk legen und dich ächten. Denke doch an deine Ehre als Adliger und als Unser Vasall, da du Uns solche Schande machst.“

3 … dass wir alle zusammengekommen sind, um Frieden für Land und Städte herzustellen. Niemand soll mehr in den Krieg gegen den anderen ziehen oder andere zum Krieg anstiften. Die Rechte der Bürger sollen geachtet werden. Niemand darf einen anderen überfallen und sein Hab und Gut nehmen. Alle von uns sollen unbehelligt leben. Wir wollen die Kirche achten, den Frieden innerhalb der Familie, die Freiheit der Städte und den Kaiser. Werner von Kalb soll nichts geschehen, wenn er sich in Zukunft friedlich verhält.“

4 **a)** Eigentlich sollten die Lehnsbindungen dafür sorgen, den Frieden zu erhalten. Der König gewährte einem Vasallen Schutz und Land oder ein Amt, der Vasall war ihm dafür zu Diensten und Treue verpflichtet (= Lehnsverhältnis). Der Vasall konnte wiederum Untervasallen an sich binden. Dieses System funktionierte im Spätmittelalter nicht mehr. Die Lehen wurden erblich, die Adligen versuchten, möglichst viel Macht an sich zu ziehen, und fühlten sich nicht mehr zur Treue und zu Diensten

© 2009 Cornelsen Verlag, Berlin. Alle Rechte vorbehalten.

gegenüber dem König verpflichtet. Die Könige und Kaiser waren immer weniger imstande, Schutz zu gewähren und den Frieden im Land zu sichern. So kam es, dass die Kurfürsten den von ihnen gewählten König Wenzel absetzten, weil er seine königlichen Pflichten nicht erfüllte.

b) Die alte Ordnung funktionierte nicht mehr, weil sich die persönlichen Lehnsbeziehungen auflösten. Rechtsordnung, Friede und Sicherheit im Reich waren dadurch erschüttert. Mächtige Fürsten begannen in ihren Territorien selbstständig Macht auszuüben, um die Ordnung aufrechtzuerhalten; so entstanden Territorien, die vom König oder Kaiser unabhängig waren. Die Städte griffen zur Selbsthilfe, indem sie zu ihrer Verteidigung Städtebünde gründeten.

Förderbogen 4

1 a) *Burgherren und Gesinde:* Pferde reiten, Tafelrunde, Schlafgemach, Kapelle (Herrschaft)
Stall, Keller, Küche, Bedienung, Zofen, Kammerdiener, Wäschekammer (Gesinde)

b) *Adlige Männer und Frauen:* Handarbeit, Kleiderprobe (Frauen); Festgelage, Empfang von Besuchern (Männer)

2 Auf *http://www.burgenwelt.de/nrw.htm* (Stand: 10.2.09) findest du die Namen der Burgen nach Regierungsbezirken sortiert und kannst sie dir auf Fotos ansehen.

3

Aspekte	**Minne**	**Liebe**
Verehrung	Auszeichnung der Frau, fördert ihr Ansehen, übliches und normales Verhalten Frauen gegenüber	deutlich und direkt gezeigt, Ziel einer Beziehungsaufnahme
Aktive Werbung um Beziehung	War eigentlich nicht erlaubt („Frau gibt den Korb“)	Eindeutige Zeichen zur Beziehungsaufnahme
Sexualität	nein	ja

Förderbogen 5

Hier gibt es keine einheitliche Lösung. Viel Spaß beim Recherchieren!

© 2009 Cornelsen Verlag, Berlin. Alle Rechte vorbehalten.

Förderbogen 6

1 falsch, falsch, wahr, wahr, falsch

2 a) Viele Patrizier waren Großhändler, und die Wirtschaft der Stadt lag ihnen am Herzen. Hat eine mittelalterliche Stadt ein Kaufhaus, so ist sie im Vorteil, weil verschiedene Waren geschützt vor der Witterung ständig angeboten werden können. Die Patrizier wollten die Stadt wirtschaftlich entwickeln, um so Gewinne zu machen, die sie dann auch in politische Macht ummünzen konnten.

b) Nachdem sie die Stadtherren entmachtet hatten, übernahmen die Patrizier die Herrschaft über die Stadt. Die Zünfte erlangten im späten Mittelalter zunehmend Einfluss und bekämpften diesen „Stadtadel“: Die Kontrolle über das Kaufhaus war ein wichtiger Schritt der Zünfte auf dem Weg zur Beteiligung am Rat und an der Stadtregierung.

3 Gelungen ist deine Marktordnung, wenn sie die verschiedenen Interessen regelt. Versuche, dich in die Zeit mit ihren Vorstellungen hineinzuversetzen, ohne an ein heutiges Kaufhaus zu denken.

Förderbogen 7

1 *Medizin:* Der Körper des Menschen wurde erforscht, in Klöstern gab es Hospitäler und Ärzte. Das Wissen sollte im Einklang mit der Bibel stehen.
Landwirtschaft: Die Mönche ließen große Flächen bewirtschaften und wollten den Ertrag ihrer Ländereien optimieren.
Heilmittelkunde: Jedes Kloster hatte einen Klostergarten, in dem Heilkräuter angebaut wurden.
Religionswissenschaft: In den Klosterschulen wurde die christliche Lehre vertieft, die Bibel gedeutet. In der Ausbildung der Mönche wurde Wissen über die Bibel weitergegeben und neu interpretiert.
Tiermedizin: Auch Wissen über Tiere ergab sich aus der großen Landwirtschaft. Tiere mussten geboren, geheilt und gezüchtet werden, um den Bedarf der Klöster zu decken.
Pflanzenkunde: Die Wissenschaft der Pflanzen ist nicht nur für die Arzneimittelkunde wichtig, sondern auch für den Anbau von Obst, Gemüse oder anderen Nutzpflanzen.
Philosophie: In den Klöstern wurden nicht nur Texte des Christentums diskutiert, sondern auch antike Autoren und deren Philosophie.
Sprachwissenschaften: Klöster waren der Ort des Erlernens und Praktizierens der lateinischen, griechischen und hebräischen Sprache. Übersetzungen, Wörterbücher und eine Deutung einzelner Worte für die Theologie waren für das geistliche Leben wichtig. Die Orden waren international, und die Klöster beherbergten Gäste aus ganz Europa und lernten dadurch viele Sprachen kennen.
Erziehungswissenschaften: Wie soll man junge Novizen zu Priestern ausbilden, wie unterweist ein Pfarrer seine Schäfchen? Diese Fragen zeigen, dass die Frage nach der Vermittlung von Wissen auch eine wichtige Frage für Klöster war, nicht zuletzt in den Klosterschulen.
Wirtschaftswissenschaften: Das Führen eines Klosters war kompliziert, weil viele Menschen, Mönche, Laien, Bedienstete und Gäste, versorgt werden mussten. Das Kloster musste wirtschaftlich überleben, noch besser: Gewinn erwirtschaften, um Geld für Armenfürsorge, Bauvorhaben oder Kunstwerke zur Verfügung zu haben.

2 Die Klöster und deren Orden pendeln im Mittelalter zwischen zwei Zielen: Soll man als einzelner Mönch in einer Gemeinschaft mit anderen Menschen leben, die dem Armutsideal verpflichtet sind – oder sollen die Klöster möglichst große Macht haben und mit ihrem Reichtum, mit Herrschaft und Prunk für die Herrlichkeit Gottes und die Gottgewolltheit kirchlicher Herrschaft auf dieser Erde werben? Die Klosterreform von Cluny in Frankreich warb für eine neue Gemeinschaft der Mönche: Während die Benediktiner auf hervorgehobenen Stellungen residierten, wollten die Anhänger der Reform sich in die Einsiedelei der Wälder zurückziehen. Die Franziskaner folgten dem Heiligen Franziskus nach, der kirchlichen Prunk, Reichtum und Macht ablehnte, genauso wie der Barfüßerorden. So gab es im Mittelalter immer wieder Versuche einzelner Ordensgründer, das mönchische Leben zu erneuern, gegen die Weltlichkeit abzugrenzen und auf eine einfache Lebensweise festzulegen.

Lernerfolg

1 **a)** Das Leben auf dem Land war geprägt von harter Arbeit und der Großfamilie mit ihren strengen Spielregeln. Alle lebten auf engem Raum. Die Ernährung war einfach und stammte aus der eigenen Landwirtschaft, sie musste aber auch kräftigend sein. Fleisch gab es nur selten. Der sonntägliche Kirchgang war Pflicht, eine Schulbildung gab es auf dem Dorf nicht, man musste auf dem Feld mitarbeiten. Das Leben wurde von Familienoberhäuptern und den Ältesten des Dorfes geregelt, dann aber auch vom Grundherrn.

b) Da Gerald nicht auf dem Hof des Grundherrn lebt, ist er ein Höriger oder Grundhold, was bedeutet, dass er dazu verpflichtet war, Abgaben zu leisten und Dienste zu verrichten. Dafür musste der Baron die Hörigen schützen und für Recht sorgen, sie durften das Land bebauen, das dem Grundherrn zugeordnet war.

2 **a)** Aus heutiger Sicht denken wir, dass das Leben auf dem Land unbequem und hart war. Aber nicht allein deshalb wollten Menschen weg. Vielmehr lagen auch andere Ursachen vor, als nur die Aussicht auf ein schöneres Leben in der Stadt mit der Möglichkeit aufzusteigen, zu Wohlstand zu kommen. Typische Motive waren, dass es gerade unter Brüdern Streit um die Aufteilung des Hofes gab, meist kam nur der älteste zum Zuge. Oder Gerald ist mit dem Baron in Streit geraten. Solche handfesten Motive sind wichtiger als die Bequemlichkeit und die Hoffnung auf ein besseres Leben – schließlich herrschte damals in den Köpfen der meisten Menschen die Meinung vor, ein jeder müsse an dem von Gott zugeteilten Platze bleiben.

b) Die Stadt lockt mit Freiheit und der Chance, ohne die engen Bindungen auf dem Land aufzusteigen und zu Reichtum zu kommen. Andererseits musste sich Gerald auch in eine Gemeinschaft einfügen. Das Bürgerrecht und der Handel, die Berufe und die verlockenden Möglichkeiten einer Stadt übten auf die Menschen eine große Anziehungskraft aus.

c) Als Höriger darf Gerald den Bauernhof der Familie nicht einfach verlassen; er muss den Grundherrn um Erlaubnis fragen, und dieser wird die Arbeitskraft nicht gerne gehen lassen. Ein Jahr und einen Tag nach Ankunft in der Stadt musste Gerald noch damit rechnen, vom Grundherrn zurückgeholt zu werden, danach erst war er frei.

3 **a)** Eine Stadt im Mittelalter ist erkennbar an einer Mauer, die sie schützt und den Rechtsbereich sichtbar abgrenzt. Durch Tore führen Straßen aus allen Richtungen nach Köln. Innerhalb der Mauern gab es Handwerkergassen, bessere und schlechtere Wohngegenden (die besten am Markt, die schlechtesten an der Mauer). Fast jede Stadt hatte ein Rathaus, einen Marktplatz, mehrere Kirchen, vielleicht einen Dom oder eine große Stadtkirche, sowie Klöster und Hospitäler. In manchen Städten haben Fürsten oder Bischöfe ihren Sitz, beispielsweise in einer Burg, Adlige leben in Steinhäusern oder großen Adelshöfen. Köln hat mehrere Viertel und mehrere Märkte für verschiedene Produkte. Die Märkte hatten auch die Funktion überregionaler Handelsmessen. Insgesamt waren die Städte eng, auch schmutzig und verwinkelt.

b) Wenn Gerald seinem Grundherrn entkommen ist und nach einem Jahr noch immer unbehelligt in der Stadt lebt, kann er sich Arbeit suchen. Gerald könnte als Geselle in einem Handwerk untergekommen sein. Wenn er Bürger werden will, muss er Grundbesitz innerhalb der Stadtgrenzen vorweisen können und etwas zur städtischen Gemeinschaft beitragen. Als Handwerksmeister oder Händler mit eigenem Geschäft, mit Einkünften und Verantwortung könnte er das. Wenn ihm ein Haus gehört und er in der Lage ist, Steuern zu zahlen, kann er sich um das Bürgerrecht bewerben. Er schwor dann den Bürgereid (Treue und Gehorsam gegenüber der Stadt). Fortan war er verpflichtet, die Mauern der Stadt mitzuverteidigen und Steuern zu bezahlen.

4 Der Kölner Erzbischof war seit der Antike das Stadtoberhaupt und bestimmte über Köln; er erhob Steuern, entschied über Krieg und Frieden. Tüchtige Männer wie Gerald hatten nichts zu bestimmen, sie zahlten Steuern. Das kannte Gerald schon von den Verhältnissen auf dem Lande. Er mag wie viele gedacht haben, dass diejenigen, die die Steuern zahlen, auch mitbestimmen sollen. Nun hatte Köln einen gewählten Bürgermeister, aber die Patrizier machten alles unter sich aus. Kein Wunder, dass die Handwerker eine Mitbestimmung forderten und in Köln dann auch 1396 erlangten, lange nach Geralds Lebenszeit.

5 **a)** Der Dienst an Kranken war für die Ordensbrüder eine Selbstverständlichkeit. Sie lebten auf diese Weise die christliche Nächstenliebe.

b) Ein Hospital, also eine Art Krankenhaus, ist auch heute noch ein Ort, wo medizinische Forschung betrieben wird. Die Ärzte erforschten z. B., welche Arznei hilft oder welche Therapien anschlagen. In Hospitälern wurde also nicht nur für die Gesundheit der Kranken gebetet. Ein Wirtschaftsunternehmen musste ein Hospital schon deshalb sein, weil man die Nahrungsmittel für die Kranken heranschaffen musste, zum Teil nahm man sie aus eigenem Anbau. So gehörte zu jedem Hospital auch ein Wirtschaftshof dazu. Ein Hospital besaß Felder und Weinberge, sogar Brauereien, um seine Insassen zu versorgen. Das alles musste gut geplant werden.

6 Normal war die Erfolgsgeschichte Geralds sicherlich nicht, aber möglich. Wir stellen uns heute das Mittelalter gerne als eine Zeit vor, in der Menschen nicht ihrem Schicksal, vor allem nicht ihren rechtlichen Fesseln entkamen. Wer in die Stadt ging, hatte aber eine Chance, sein eigener Herr zu werden. Nicht viele werden wirklich so viel Erfolg gehabt haben wie Gerald, viele scheiterten auch in den Städten und blieben arm. Es gab aber Menschen, die durch Talent und Können zu Beamten aufstiegen, oder Kinder aus einfachen Verhältnissen, die man in die Lateinschule schickte und die Priester wurden, obwohl sie als Bauernkinder geboren waren. Solche Erfolgsgeschichten sind jedoch die Ausnahme. Die meisten Menschen blieben im Dorf und arbeiteten für den Grundherrn, schließlich war es schon immer so gewesen, und Gott schien es gewollt zu haben.

© 2009 Cornelsen Verlag, Berlin. Alle Rechte vorbehalten.

5. Europa im Mittelalter

5.3 Herrschaft im mittelalterlichen Europa

	Ich kann, weiß, verstehe …	Sehr sicher	Sicher	Unsicher	Sehr unsicher	Hilfen finde ich hier:
1	Ich kann wichtige Territorien des hochmittelalterlichen Reiches benennen.					S. 216
2	Ich kann den Prozess der Machtstabilisation des Kaisertums skizzieren.					S. 217 Förderbogen 1
3	Ich kann die Aufgaben des mittelalterlichen Königs bzw. Kaisers benennen.					S. 218 Förderbogen 1
4	Ich kann die Bindung an den König von der Bindung an das Reich anhand eines Beispiels unterscheiden.					S. 219
5	**a)** Ich kann den Dualismus von Papsttum und Kaisertum erklären und					S. 220 f. Förderbogen 2
	b) ein Beispiel hierfür erläutern.					
6	Ich kann an Gesten ablesen, welche politische Bedeutung sie hatten.					S. 191, 223 f. Förderbogen 2
7	Ich kann ein Flussdiagramm zur Geschichte des Investiturstreits erstellen.					S. 222, 226
8	**a)** Ich kann den Inhalt des Wormser Konkordats wiedergeben					S. 224
	b) und beurteilen, wen es begünstigte.					
9	**a)** Ich kann die Autoren von schriftlichen Quellen einordnen,					S. 226 f. Förderbogen 3
	b) die Quellen vergleichen und					
	c) ein begründetes Urteil fällen.					
10	Ich kann Faktoren benennen, die die Züge der Wikinger ermöglichten.					S. 228
11	Ich kann die mittelalterliche Entwicklung Englands und Frankreichs vergleichen.					S. 230 f. Förderbogen 4
12	Ich kann den Beitrag der Wikinger zur frühen russischen Geschichte benennen.					S. 232
13	Ich kenne bedeutende Adelsfamilien und weiß, wo deren wichtigste Besitzungen lagen.					S. 234
14	**a)** Ich kann die sieben Kurfürsten benennen und					S. 234 f. Förderbogen 4
	b) weiß, wo deren Territorien lagen.					
15	Ich kann die Herrschaft im Deutschen Reich im Spätmittelalter mit der in England und Frankreich vergleichen.					S. 230–235 Förderbogen 4
16	Ich kann die wichtigsten Regelungen der Goldenen Bulle benennen.					S. 234
17	Ich kann beschreiben, wie ein Reichstag im Deutschen Reich verlief.					Förderbogen 5
18	Ich kann den Gegensatz von Reich und Landesherrschaft mit dem von Bund und Ländern heutzutage vergleichen.					Eigene Überlegungen

© 2009 Cornelsen Verlag, Berlin. Alle Rechte vorbehalten.

Förderbogen 1

Zum erfolgreichen Bearbeiten dieses Förderbogens solltest du noch einmal folgende Seite(n) im Buch aufmerksam lesen: **S. 216–221**

Das ZDF startete 2008 eine große Geschichtsreihe „Die Deutschen", beginnend mit Otto I. Wenn du die entsprechende Folge in der Onlinemediathek von *www.diedeutschen.zdf.de* (Stand: 11.2.2009) aufrufst, wirst du erkennen, dass der im Film gezeigte Stoff dem des Schulbuchs entspricht. Wiederhole mithilfe des Films und dieses Bogens die wichtigsten Zusammenhänge der Herrschaftsausbildung.

Arbeitsauftrag:

Schau dir die 45-minütige Dokumentation an und beantworte die Fragen. Zu manchen Fragen findest du Hintergrundinformationen im Buch. Trage auf den Schreibzeilen die entsprechende Seitenzahl ein.

a) Welche Regel Karls des Großen änderte Ottos Vater Heinrich I.? (S. ________)

b) Welche Stämme akzeptierten Otto als König? (S. ________)

c) Beschreibe den Konflikt, den Otto mit seinen Brüdern hatte.

d) Überprüfe, ob der Film sich an Widukinds Schilderung von Wahl und Krönung hält. (S. ________)

e) „Gott segne den König, aber möge er nie wiederkommen." Erkläre den Ausspruch. (S. ________)

f) Wie hießen die beiden sächsischen Städte, die Otto am wichtigsten waren? (S. ________)

g) Aus welchen Gründen wandte sich Liudolf gegen seinen Vater?

h) Mit welcher Geste versöhnten sich Otto und sein Sohn Liudolf?

i) Schildere kurz, welcher Erfolg Otto zum unangefochtenen Herrscher machte. (S. ________)

j) Was wäre geschehen, wenn die Feinde gegen Otto gewonnen hätten?
Fasse die Meinung des Historikers zusammen.

k) Welcher Abschnitt der Kaiserkrönung (M2) wird im Film gezeigt? (S. ________)

l) „Per me reges regent." Was bedeutet dieser lateinische Ausspruch? (S. ________)

m) Wie wird der Standpunkt Widukinds im Filmbeitrag charakterisiert?

n) Konnten sich die Stämme in Ottos Reich verstehen?

o) Informiere dich im Internet über die Schwiegertochter Ottos, Theophanu.
Welche Rolle spielt sie in der Geschichte der Deutschen?

p) Warum galt Ottos Lanze als heilig?

q) Was hast du über die Reichskrone erfahren? (S. ________)

r) Zwei Momente werden im Film als Geburtsstunde der Deutschen bezeichnet.
Welche?

s) Hältst du die Spielszenen für historisch wahrheitsgetreu?

© 2009 Cornelsen Verlag, Berlin. Alle Rechte vorbehalten.

Förderbogen 2

Zum erfolgreichen Bearbeiten dieses Förderbogens solltest du noch einmal folgende Seite(n) im Buch aufmerksam lesen: **S. 220–222**

Das Verhältnis von Kaiser und Papst wird auf mittelalterlichen Bildern mithilfe von Gesten, Farben und Symbolen dargestellt. Auf diesem Bogen kannst ein mittelalterliches Bild beschreiben und seine politische Bedeutung herausfinden. Orientiere dich an der Methode „Symbole und Gesten deuten" (S. 191).

M1 Kaiser Konstantin der Große führt das Pferd Papst Silvesters I. beim Einzug in Rom am Zügel, Rom, mittelalterliche Wandmalerei, 1246

© 2009 Cornelsen Verlag, Berlin. Alle Rechte vorbehalten.

Arbeitsaufträge:

1 Beschreibe die Elemente des Bildes M1. Berücksichtige dabei besonders Gesten und Symbole.

2 Charakterisiere das Verhältnis zwischen Papsttum und Kirche, wie es hier dargestellt wird.

3 „Spielregeln zeigen Machtverhältnisse." Erkläre diesen Satz anhand des Bildes. Schreibe ins Heft.

Förderbogen 3

Zum erfolgreichen Bearbeiten dieses Förderbogens solltest du noch einmal folgende Seite(n) im Buch aufmerksam lesen: **S. 220–222**

Der Streit um die Einsetzung von Bischöfen weitete sich zum Konflikt zwischen Papst und König aus. Auf diesem Bogen kannst du die einzelnen Schritte systematisch nachzeichnen und erfährst etwas über Wege der Konfliktlösung im Mittelalter.

Arbeitsaufträge:

1 Lies S. 222 bis 224 aufmerksam durch und fülle Erklärungen in die Kästchen.

König	Papst
Königliche bzw. kaiserliche Praxis seit ca. 1000:	Besetzung wird geduldet, wenn nützlich, aber:
▼	▼
Position zur Kirchenreform:	Forderung der Reformer:
▼	▼
Politischer Vertrauensverlust:	Maßnahmen gegen den König:
verfahrene Situation: Buße?	**verfahrene Situation: Vergebung?**

2 Trage stichwortartig das Ergebnis der Auseinandersetzung ein.

Der Kompromiss des Wormser Konkordats:

3 Bewerte die Ereignisse.

a) Begründe, weshalb Gregor VII. aus religiöser Sicht kaum anders handeln konnte, als Heinrich Vergebung zu signalisieren. Schreibe in dein Heft.

b) Erläutere an diesem Beispiel, inwiefern Gesten im Mittelalter politisches Gewicht bekommen konnten.

c) Schreibe aus der Sicht der Mathilde von Tuszien ein Tagebuch der aufregenden Januartage 1077.

© 2009 Cornelsen Verlag, Berlin. Alle Rechte vorbehalten.

Förderbogen 4

Zum erfolgreichen Bearbeiten dieses Förderbogens solltest du noch einmal folgende Seite(n) im Buch aufmerksam lesen: **S. 228–234**

Herrschaft sah im Mittelalter in Europa nicht immer gleich aus. Stelle die Besonderheiten der Herrschaft in Frankreich, England, dem Kiewer Reich, bei den Wikingern und im Heiligen Römischen Reich, wie das mittelalterliche Reich des deutschen Kaisers offiziell hieß, einander gegenüber. Die vergleichende Tabelle (Synopse) hilft dir dabei.

Arbeitsaufträge:

1 Trage Stichpunkte in die Tabelle ein.

Aspekt	Wikinger	England	Frankreich	Kiewer Rusreich	Heiliges Römisches Reich
Hauptstadt					
Führung des Staates					
Beteiligung Adliger an der Macht					
Beziehung zu anderen Ländern					
Rolle der Kirche					
Entwicklung der Herrschaft					

2 Welche Aspekte von Herrschaft sind den mittelalterlichen Staaten und Gesellschaften in Europa gemeinsam? Schreibe in dein Heft.

© 2009 Cornelsen Verlag, Berlin. Alle Rechte vorbehalten.

Förderbogen 5

Zum erfolgreichen Bearbeiten dieses Förderbogens solltest du noch einmal folgende Seite(n) im Buch aufmerksam lesen: **S. 233 f.**

Der Reichstag ist im Spätmittelalter Zeichen für die neue Machtverteilung. Am Reichstag kann man aber auch die neuen Probleme ablesen. Dieser Bogen hilft dir dabei.

M1 Hoftag

Im Mittelalter an den Höfen der Fürsten (oft zu hohen Kirchenfesten) einberufene Versammlung der Würdenträger und Vasallen, auf der Beschlüsse gefasst und Gesetze erlassen wurden. Aus dem Hoftag, der zunächst nur beratende Funktion hatte, entwickelten sich später die ständischen Vertretungen wie der Reichstag und der Landtag.

Zit. n. Schülerduden Geschichte. Ein Lexikon zum Geschichtsunterricht, 4. neubearb. Aufl., Mannheim 2003, S. 226.

M2 Reichstag

Der Hoftag als Versammlung der Kollegien von Kurfürsten, Reichsfürsten und reichständischen Städten unter dem Vorsitz des Königs wurde erstmals 1495 als „des Königs und des Reichs Tag“ und als „des Reiches gemeiner Tag“ bezeichnet, worauf der Begriff „Reichstag“ zurückgeht. Die geladenen Fürsten und Herren waren bei Strafe zum Erscheinen verpflichtet. Versammlungsorte waren die königlichen Pfalzen, die Bischofsstädte und Reichsstädte. Die Beratungsthemen wurden vom König bestimmt, doch konnten auch Mitglieder des Reichstages Anregungen einbringen. In die Zuständigkeit des Reichstages fielen u. a. Reichsgesetzgebung, Reichsheerfahrten, Romfahrt, Reichssteuern, Erhebungen in den Reichsfürstenstand und Verfügungen über das Reichsgut. Der König scheint an Mehrheitsbeschlüsse nicht gebunden gewesen zu sein, außerdem war umstritten, ob Abwesende oder solche, die einen Mehrheitsbeschluss nicht unterstützten, an das Votum des Reichstages gebunden waren. In Steuersachen waren Mehrheitsbeschlüsse prinzipiell nicht bindend, was zur Konsequenz hatte, dass nur die zustimmenden Reichsstände einem diesbezüglichen Beschluss folgten.

Peter Schels, Kleine Enzyklopädie des Mittelalters, zit. nach www.mittelalter-lexikon.de (Stand:16.2.2009).

© 2009 Cornelsen Verlag, Berlin. Alle Rechte vorbehalten.

Arbeitsaufträge:

1 Nenne die Regelungen der „Goldenen Bulle“ von 1356.

2 Arbeite Unterschiede zwischen „Hoftag“ und „Reichstag“ heraus.

3 Betrachte die Sitzordnung im Reichstag (M3). Ziehe Rückschlüsse auf die Stellung der einzelnen Stände.

4 Betrachte die Karte M1 auf S. 234.

a) Leite aus der territorialen Gestalt des Reiches ab, warum die Einigung auf Reichstagen so schwierig war.

b) Begründe, warum die Fürsten oft kein Interesse am Gelingen eines Reichstages und an einem Erfolg des Kaisers hatten.

M3 Reichstagssitzung im Reichstagssaal zu Regensburg, zeitgenössisches Flugblatt, Nürnberg 1653

An der Stirnseite des Saales thront der Kaiser, rechts und links neben ihm sitzen die Kurfürsten, an den Längsseiten links die weltlichen und rechts geistlichen Fürsten (vom Kaiser aus gesehen) und im Vordergrund die Vertreter der Freien Reichsstädte.

Herrschaft im mittelalterlichen Europa

M1 Die Reichsinsignien – Zeichen königlicher Macht

Zu den Herrschaftszeichen der mittelalterlichen Römischen Könige und Kaiser gehörten im engeren Sinne Krone, Reichsapfel, Szepter und Schwert (vgl. Abb. S. 217), im weiteren Sinne die Reichskleinodien, das sind Krönungsornat, Handschuhe und Heiligtümer wie z. B. Lanze und Kreuz.
Die *Reichskrone* ging auf den alttestamentarischen König David zurück und gilt als traditionelles Herrschaftszeichen. Seit dem späten 10. Jahrhundert wurde sie allgemein akzeptiert. Ihr Äußeres verweist nicht nur auf weltliche Herrschaft, sondern die achteckige Form, die an das Paradies, das „himmlische Jerusalem", erinnern sollte, sowie die christliche Zahlensymbolik in der Anordnung der Steine haben religiöse Bedeutung. Die Inschrift weist den König als Herrscher von Gottes Gnaden aus.
Das *Szepter* ist ein biblisches Gerichtszeichen. Nach dem Investiturstreit wurde eine Szepterform nicht mehr verwandt, die den Herrscher als Hirten einer Gemeinde auswies.
Der *Reichsapfel* symbolisiert die Erde und den Anspruch auf die Weltherrschaft Christi, die auch durch den Träger weltlicher Herrschaft voranzutreiben und zu verteidigen ist.
Das *Schwert* steht für die weltliche königliche Macht (regnum), der die Macht des Papstes (sacerdotium) gegenübersteht. Auf der Schwertscheide sind die Könige und Kaiser seit Karl dem Großen verzeichnet. Im Investiturstreit wurde der Name Heinrichs IV. noch zu Lebzeiten auf die Scheide graviert.
Die *Heilige Lanze* ist Herrschaftszeichen und Reliquie zugleich und sollte den himmlischen Schutz durch Jesus garantieren.
Das *Reichskreuz* zeigt, dass der König durch die Krönung eine sakrale Würde empfangen hat und als Träger weltlicher Macht von der kirchlichen und göttlichen Macht beauftragt ist.

(Verfassertext)

© 2009 Cornelsen Verlag, Berlin. Alle Rechte vorbehalten.

1 Schildere kurz den Prozess, der seit Karl dem Großen dazu führte, dass Otto I. König wurde.

2 Lies den Text M1.

a) Arbeite aus der Beschreibung der Reichsinsignien heraus, inwiefern sich Könige und Kaiser im Mittelalter nicht nur als Träger weltlicher Macht sahen.

b) Begründe, welche Meinung die Päpste zu Gestalt und Verwendung der Reichsinsignien haben konnten.

3 Beschreibe, welche Rolle die Reichsinsignien bei der Krönung spielten.

4 „Die Reichskleinodien sollten den Reichtum der Könige und Kaiser nach außen demonstrieren." Bewerte diese Aussage.

5 Im Jahr 1177 kam es zwischen Kaiser und Papst zu einer großen Auseinandersetzung mit Folgen.

a) Erläutere, worum es im Investiturstreit ging und wie er endete.

b) Zeige auf, welche Rolle die Reichsinsignien für den Investiturstreit spielten.

6 Ursprünglich hielten nur Könige und Kaiser die Reichsinsignien in der Hand. Im Spätmittelalter durften auch die Kurfürsten sie berühren und dem Kaiser überreichen. Der Kaiser gab sogar einzelne Gegenstände Verwandten in Verwahrung, die damit ihre Nähe zum Königtum demonstrieren konnten.

a) Zähle die sieben Kurfürsten des Reiches auf, die mit den Insignien in Berührung kamen.

b) Erkläre, inwiefern sich in dem veränderten Umgang mit den Insignien auch die Herrschaftsentwicklung im spätmittelalterlichen Reich spiegelt.

Förderbogen 1

1

a) Die Königswürde wurde nicht mehr unter den Söhnen aufgeteilt, sondern nur ein Sohn erbte: Otto (S. 217).
b) Sachsen, Franken, Schwaben, Lothringer, Baiern (S. 216, 218).
c) Otto setzte sich gegen seine beiden Brüder durch, die leer ausgingen und ihm bei der Krönung zunächst die Gefolgschaft verweigerten.
d) Die Darstellung hält sich sehr genau an Widukinds Schilderung des Ablaufs (S. 217).
e) Er bezieht sich auf die großen Belastungen, die sich für einen Ort ergaben, wenn der Kaiser zu Gast war und versorgt werden musste (S. 218 f.).
f) Quedlinburg und das durch ihn gegründete Magdeburg (S. 218).
g) Otto I. bevorzugte seinen zweitgeborenen Sohn und verweigerte dem erstgeborenen, Liudolf, die Herrschaft.
h) Liudolf kam schutzlos und fiel vor dem Vater auf die Knie.
i) Der Sieg gegen die Ungarn (Magyaren) auf dem Lechfeld bei Augsburg im Jahr 955 (S. 218 angedeutet).
j) Otto wäre als Tributpflichtiger in die Abhängigkeit der Ungarn geraten, ein starkes Reich hätte es in Mitteleuropa dann vorerst nicht gegeben.
k) Abschnitt 4 der Quelle auf S. 221.
l) „Durch mich regieren die Könige“ (S. 217). Anspielung auf das Gottesgnadentum.
m) Widukind war von Otto begeistert, er stellt dessen Handeln fast immer positiv dar.
n) Ja, sie mussten sich jedoch Mühe geben, die anderen deutschen Dialekte zu verstehen.
o) Sie übernahm die Regentschaft für ihren Sohn und war für einige Jahre eine geachtete und mächtige Kaiserin.
p) Sie soll mit dem Blut Jesu getränkt sein, ein Reiter stieß dem am Kreuz Hängenden eine Lanze in die Seite.
q) Sie wurde als Krone der deutschen Könige und Kaiser im ganzen Mittelalter benutzt, gilt als heilig und wird heute in Wien aufbewahrt (S. 219, M2).
r) Die Krönung Ottos zum König unter Zustimmung von Volk und Fürsten sowie der Sieg auf dem Lechfeld gegen die Ungarn.
s) Auch wenn die Dialoge dramatisiert sind, so sind die Spielszenen doch wahrscheinlich und entsprechen den Schilderungen des Zeitgenossen Widukind.

© 2009 Cornelsen Verlag, Berlin. Alle Rechte vorbehalten.

Förderbogen 2

1 Im Zentrum stehen ein Reiter und eine Person, die das Pferd, einen edlen und reich geschmückten Schimmel, am Geschirr führt. Der Reiter wird durch einen Schirm geschützt, er trägt einen auffälligen Hut. Hinter ihm sind weitere berittene Männer zu sehen. Der Pferdeführer trägt Krone und Mantel und wird seinerseits von einer Person begleitet.

2 Unzweifelhaft sind der reitende Papst und der Kaiser zu Fuß als „Stallbursche“ dargestellt. Der Papst bestand auf dieser Unterordnung des Königs bzw. Kaisers, der den Dienst des Marschalls erfüllen musste. In diesem Ritual zeigt sich das Verhältnis zwischen Papsttum und Königtum als ungleiches. Natürlich sah sich der Papst gerne in der Rolle des Überlegenen und den König als seinen Diener.

3 Diese Aussage stimmt auf der einen Seite, wie man an der Abbildung erkennen kann. Stellt sie jedoch die historische Wahrheit dar? Es gefiel den Päpsten, die Könige und Kaiser des Römischen Reiches so dargestellt zu sehen, es war Propaganda, die zeigen sollte, wer die Oberhoheit hat. Tatsächlich gab es solche Situationen, wenn die Könige den Papst zum Beispiel für eine spätere Krönung brauchten. Oft sahen die Machtverhältnisse im Mittelalter nicht so aus, aber die Kaiser leisteten diesen traditionellen Stratorendienst dennoch, gerade weil sie wussten, dass diese Vorführung keine konkrete Auswirkung hatte. Man kann also sagen, diese Spielregeln (Rituale) demonstrieren Machtverhältnisse, aber sie müssen sie nicht immer real widerspiegeln, da die Realität komplizierter war, als dies der Marschalldienst nahelegt.

Förderbogen 3

König	Papst
Königliche bzw. kaiserliche Praxis seit ca. 1000: Bischofstühle werden auf königlichen bzw. kaiserlichen Vorschlag neu besetzt	Besetzung wird geduldet, wenn nützlich, aber: offiziell kirchenrechtlich nicht zulässig, Streitpunkt, der nun zur Eskalation führt
▼	▼
Position zur Kirchenreform: Eher Ablehnung, da Beschneidung königlicher bzw. kaiserlicher Vorschlags- und Investiturrechte	Forderung der Reformer: Bischöfe und Priester unverheiratet, kein Ämterkauf, keine Investitur durch Laien
▼	▼
Politischer Vertrauensverlust: Ausschluss aus Kirche führte zu Konflikten mit geistlichen Fürsten, König wird nicht mehr akzeptiert	Maßnahmen gegen den König: Kirchenbann, Treue- und Hilfsversprechen ungültig, Ausschluss aus Kirche
verfahrene Situation: Buße?	**verfahrene Situation: Vergebung?**
König Heinrich ergreift die Initiative, begibt sich in die Position des Büßers, unterwirft sich dem Papst, um die Handlungsfähigkeit wiederzugewinnen.	Als Christ ist es die Pflicht des Papstes zu vergeben, er konnte den barfüßigen Heinrich nicht „im Regen stehen“ lassen.

Der Kompromiss des Wormser Konkordats:
Regelung der Investitur: Die Bischöfe und Reichsäbte wurden von der Kirche ausgewählt, sie bekamen die geistlichen Aufgaben durch die Kirche übertragen und die weltlichen Herrschaftsrechte vom König bzw. Kaiser. So sollte der Kompromiss funktionieren.

3 **a)** Hätte Gregor Heinrich abgewiesen, wäre das die ideale Gelegenheit für den König gewesen, den Papst als nicht zur Nächstenliebe fähig darzustellen. Der Schachzug der Unterwerfung war deshalb von Heinrich klug gewählt, der Papst musste den religiösen Normen von Vergebung und Milde folgen.

b) Auch an diesem Beispiel sieht man, dass Gesten auf die Menschen eine ungeheure Wirkung hatten und handfeste politische Auswirkungen zeitigten. Man stelle sich vor: Der König im Büßerhemd – das signalisierte den Menschen, dass er um Vergebung bat. Im Verständnis der Zeit konnte sich der Papst dieser Erwartungshaltung nicht entziehen, er musste die Geste ernst nehmen und seinerseits mit einer Geste der Vergebung reagieren. Diese Gesten hatten also fast einen Automatismus, auf den sich der König verlassen konnte.

c) Hinter den Kulissen wirkte eine mächtige Vermittlerin, die dafür sorgte, dass die Gespräche fortgesetzt wurden: Mathilde von Tuszien. Mathilde war eine Anhängerin des Papstes und Heinrichs Tante. In deinem Tagebucheintrag sollte deutlich werden, dass sie beiden verpflichtet ist. Sie sollte als Vermittlerin dargestellt werden, die mit beiden Seiten reden kann.

Förderbogen 4
1

Aspekt	Wikinger	England	Frankreich	Kiewer Rus	Heiliges Römisches Reich
Hauptstadt	Keine Hauptstadt	London	Paris	Kiew	Keine Hauptstadt
Führung des Staates	Keine zentrale Führung	König, der sich jedoch nicht immer durchsetzen konnte	König, der zunehmend mehr Macht gewann	Fürsten, später Großfürsten an der Spitze	Könige bzw. Kaiser
Beteiligung Adliger an der Macht	Häuptlingsfamilien herrschen weitgehend allein	Bindung an König durch Lehnssystem, aber auch Sitz im Parlament	Zunehmende Kontrolle des Adels und Zentralisierung der Macht; Einbindung der Herzogtümer und Grafschaften in Lehnsoberhoheit; Krise des Lehnswesens	Adlige bilden die Gefolgschaft des Fürsten, aber kein Lehnssystem, kein Dienst- und Treueverhältnis; im Reichsrat beraten sie mit dem Fürsten über wichtige Staatsangelegenheiten	Die Reichsfürsten, später die Kurfürsten wählen den König, der von ihrer Unterstützung abhängt; es gab auch Gegenkönige. Adlige beraten den König im Hofrat, bestimmen später im Reichstag mit; zunehmende Unabhängigkeit durch Ausbau der Landesherrschaft
Beziehung zu anderen Ländern	Häufig von Gier und Eroberung geprägt, Überfälle, aber auch Handel	Konflikt mit Frankreich und dem Papsttum	Konkurrenz zu England, zum Heiligen Römischen Reich	Verträge mit dem Byzantinischen Reich, Tributzahlungen anderer Völker und Stämme	Kampf um italienische Reichsteile, teilweise Konflikt mit Papsttum
Rolle der Kirche	Erst langsam setzt sich das Christentum durch, spielt geringe Rolle	Christianisiert, mächtige Bischöfe und Erzbischöfe, setzen sich auch gegen König durch	Mächtige Kirche, berühmte Klöster wie Cluny, stören aber die Herrschaft der Könige nicht	Orthodoxe Kirche wird nach Taufe des Fürsten durch Patriarchen ausgebaut, Staatsreligion	Drei Kirchenfürsten sind auch Kurfürsten; Geistliche unterstützen den König bei der Reichsverwaltung; Bistümer, Klöster, Stifte besitzen eigene Territorien
Entwicklung der Herrschaft	Kein mächtiger zentraler Staat, sondern Staatengründungen in Europa und viele Siedlungen; Herrschaft unterschiedlicher Stammesfamilien	Mit der Magna Charta von 1215 wurde die Macht des Königs durch den Adel eingeschränkt; später Kontrolle durch ein Parlament	Zunehmende Zentralisierung, Sicherung der Königsherrschaft (Loyalität)	Herausbildung eines frühmittelalterlichen Großreiches	Rückgang der königlichen Macht, Wahlkönigtum mit starken Fürsten

2 Es ist schwer, Entwicklungen zu erkennen, die einheitlich verliefen, da es Reiche gab, in denen die zentrale Macht zunahm, und solche, in denen die Beteiligung der fürstlichen Macht wichtiger wurde. Tendenziell sucht der Adel nach Beteiligung an der Macht, beispielsweise durch Institutionen wie den Reichstag, Generalstände oder ein Parlament. Die Kirche blieb wichtig, teils als Stütze der Macht, teils als Widerpart. Generell entwickeln sich aus Gewohnheiten festere Spielregeln und erste Verfassungsdokumente (Urkunden, die die Machtverteilung regeln) wie die Magna Charta oder die Goldene Bulle.

© 2009 Cornelsen Verlag, Berlin. Alle Rechte vorbehalten.

Förderbogen 5

1 Regelung, wer als Kurfürst an der Wahl des Königs teilnehmen darf; das Wahlverfahren; die Rechte der Kurfürsten; Durchführung der Reichstage.

2 Beim Hoftag stand der König oder Kaiser im Zentrum, er hielt Hof, sammelte sein Gefolge, demonstrierte seine Macht. Die Würdenträger und Vasallen hatten die Pflicht, den König auf dem Hoftag zu beraten. Die Reichstage waren ein Gremium, auf dem die Reichsstände (Kurfürsten, geistliche und weltliche Fürsten, Vertreter der Reichsstädte) die Politik des Reiches mitbestimmen konnten. Aus einer Teilnahmepflicht war ein Teilnahmerecht geworden. In wichtigen Entscheidungen wie z. B. der Erhebung von Steuern, der Führung von Kriegen und dem Erlass von Reichsgesetzen konnte der König bzw. Kaiser nicht mehr ohne die Zustimmung des Reichstages handeln. Diese Entwicklung spiegelt die Machtverschiebung im Reich.

3 Die einflussreichsten und vornehmsten Stände, die Kurfüsten, sitzen direkt neben dem Kaiser, rechts, an der ehrenvolleren Seite, die geistlichen, links die weltlichen. An den Längsseiten des Saales sitzen die mächtigsten Reichsfürsten als unmittelbare Lehnsträger der Krone. Im Vordergrund, an der Eingangsseite des Saales und am weitesten vom Kaiser entfernt, sitzen auf Bänken hintereinander die Vertreter der Freien Reichsstädte. Sie mussten erst um ihr Recht, an Reichstagen teilnehmen und abstimmen zu dürfen, kämpfen. Der Sitzungssaal symbolisiert die Formel „Kaiser und Reich".

4 a) Das Reich war ein Flickenteppich mit zahlreichen kleinen, mittleren und wenigen großen Territorien, die alle sehr unterschiedliche Interessen verfolgten. Auch machten große Herrscherdynastien wie die Luxemburger oder Wittelsbacher ihre eigene Politik. Bei so vielen verschieden gewichteten Stimmen war es schwer, einen Konsens zu finden, und noch viel schwerer, alle Herrschaftsträger des Reiches auf diesen Kompromiss zu verpflichten.

b) Viele Fürsten waren eher an der eigenen Landesherrschaft orientiert als an den Belangen des Reiches oder des Königs bzw. Kaisers. Vielen reichte es, wenn sie ihre Macht erhalten oder ausbauen konnten, und sie vermieden es, sich durch Steuern oder militärische Hilfe dem Königtum zu verpflichten. Fürsten, die nicht anreisten (was zwar strafbar war, aber nicht immer geahndet wurde), fühlten sich nicht an die Beschlüsse gebunden. Es fehlte insgesamt an einer Stelle, die mit starker Hand sicherstellen konnte, dass die Politik der Reichstage auch umgesetzt wurde.

Lernerfolg

1 Nach Karl dem Großen wurde das Frankenreich immer wieder geteilt, es gab mehrere Kronen, keine einheitliche. Die Krone Ottos I. setzte sich schließlich als Reichskrone durch. Die Könige aus dem sächsischen Geschlecht der Ottonen schafften es, Autorität zu erlangen und die Gefolgschaft anderer Stämme zu erhalten. Die Krone Ottos wurde nun von mehreren Stämmen akzeptiert. Diese Krone ist Zeichen für die Herausbildung des Deutschen Reiches und einer Ablösung vom reinen Stammesdenken mit seiner Erbteilung und vielen Kronen.

2 a) Die Reichskleinodien zeigen religiöse und weltliche Bezüge auf. Die Krone bezieht sich auf das „Himmlische Jerusalem", das Szepter hat eine religiöse Grundbedeutung, der Reichsapfel steht nicht für die weltliche Herrschaft des Kaisers, sondern für die Herrschaft Christi, die der Kaiser unterstützt. Das Schwert des Kaisers übt weltliche Macht aus und schützt das Christentum. Lanze und Kreuz haben als Reliquien eine unmittelbare religiöse Bedeutung. So wird der Kaiser mit allen Insignien in die Nähe göttlicher Macht gerückt, was den Päpsten doch ein bisschen zu viel gewesen sein mag.

b) Die Päpste haben auf die Verwendung und Ausgestaltung der Reichskleinodien geachtet. Wie man am Szepter erkennen kann, nahm der Kaiser auch Teile seiner Symbolik zurück, um dem Papst ein Signal der Versöhnung zu senden. Das Papsttum hatte ein großes Interesse daran, dass der deutsche Kaiser als mächtiger Christ die Kirche schützt, der Investiturstreit zeigt jedoch, dass das Papsttum den Kaiser nicht als gleichrangige Macht anerkennen wollte.

3 Der König trägt das Schwert sowie Szepter und Reichsapfel mit sich. Er bringt also sämtliche Symbole königlicher Macht mit, die auch signalisieren, dass er die Zustimmung seiner Fürsten und des Volkes hat. Ihm voran getragen werden die Lanze und das Kreuz mit den Reliquien. Die Krone, die auf dem Altar wartet, bekommt der König am folgenden Tag durch den Papst aufgesetzt, der die Insignien komplettiert. Der Papst akzeptiert die Insignien und stattet sie mit seiner Autorität aus, sodass der gekrönte Kaiser sich nun als weltlicher Herrscher von göttlichen und kirchlichen Gnaden fühlen darf.

4 Die Aussage ist sehr oberflächlich. Natürlich waren die Insignien auch sehr wertvoll, und Gold sowie Edelsteine beeindruckten die Zeitgenossen. Wichtiger jedoch war das Alter, die Tradition der Gegenstände und ihre religiöse Bedeutung. So war die Heilige Lanze eine Reliquie, das Reichskreuz war auch Aufbewahrungsort eines solchen heiligen Überrests. Der Wert der Reichskleinodien war ein ideeller, weil die Menschen den Gegenständen eine Bedeutung, eine Macht und auch einen Wert zusprachen, der jenseits irdischer Vorstellungen ist – vergleichbar vielleicht mit dem berühmten Heiligen Gral.

5 a) Der Investiturstreit war ein Konflikt zwischen Papst und König um die Einsetzung (= „Investitur") von hohen Geistlichen in ihre Ämter. Der König beanspruchte das Recht der Einsetzung für sich, da die Bischöfe und Äbte im Reich gleichzeitig weltliche Macht erhielten und ihn bei der Verwaltung des Reiches unterstützten. Der Papst wollte vor allem Kandidaten, die ihm und der Kirche treu ergeben waren. Der Streit spitzte sich zu: Der Papst bannte den König, der König ließ den Papst für abgesetzt erklären. Um sein Königtum zu retten, begab sich Heinrich 1077 auf den Bußgang nach Canossa, wo er die Vergebung des Papstes erlangte. Schließlich einigten sich Papst und König auf einen Kompromiss: Die Bischöfe und Reichsäbte wurden von der Kirche ausgewählt, sie bekamen die geistlichen Aufgaben durch die Kirche übertragen und die weltlichen Herrschaftsrechte vom König bzw. Kaiser.

b) Die Reichsinsignien spiegelten den Machtkampf. Zunächst sollte das Eingravieren von Heinrichs Namen auf dem Schwert die Position Heinrichs unterstreichen und seine Legitimität als Nachfolger Karls bekräftigen. Offenbar hatte es Heinrich nötig, noch zu Lebzeiten zu diesem Mittel zu greifen. Auch das Szepter wurde verändert, jedoch als versöhnliches Zeichen nach dem Investiturstreit, da der Kaiser nicht mehr als Hirte der Gemeinde gelten sollte. Symbolisch verzichtete der Kaiser auf einen Teil seines Machtanspruchs, da der Papst traditionell für sich in Anspruch nimmt, der Oberhirte der Christenheit zu sein.

6 a) Erzbischöfe von Mainz, Köln und Trier sowie der König von Böhmen, Pfalzgraf bei Rhein, Herzog von Sachsen und der Markgraf von Brandenburg.

b) Die Reichsinsignien waren nicht nur dem König oder Kaiser vorbehalten, sondern sie wurden auch von Reichsfürsten berührt und aufbewahrt. Dies bedeutete eine Verschiebung der Macht zugunsten der Fürsten. Die Zentralgewalt verlor zunehmend an Bedeutung.

© 2009 Cornelsen Verlag, Berlin. Alle Rechte vorbehalten.

Bildquellenverzeichnis

Titelbild: © Roger Wood/CORBIS; **9/M1 o. l.**: picture-alliance/ZB/© dpa-Report; **9/M1 o. M.**: aus: John Camp, Die Agora von Athen, Philipp von Zabern, Mainz 1989; **9/M1 o. r.**: picture-alliance/ZB/© ZB-Fotoreport: **9/M1 M. 1.**: picture-alliance/ dpa/© dpa-Fotoreport; **9/M1 M. 3.**: Wikipedia; **9/M1 u. l.**: picture-alliance/Sander; **9/M1 u. r.**: picture-alliance/dpa/© dpa-Report; **17**: Corel-Library; **18/2**: Stadtmuseum Erfurt; **18 u.**: Neanderthal-Museum Mettmann; **19**: akg-images; **20**: akg-images; **30**: aus: Adolf Erman, Ägypten und ägyptisches Leben im Altertum, Verlag der H. Laupp'schen Buchhandlung, Tübingen 1985; **31**: ullstein bild; **35**: ullstein bild; **41/M2**: akg-images; **41/M4**: Antikenmuseum Basel; **41/M5**: picture-alliance/dpa; **43/M1 o. l.**: The British Museum, London; **43/M1 u. l.**: Museum of Fine Arts, Boston; **43/M1 u. r.**: Archivio e Servicio Fotografico die Musei Vaticani; **53**: D. Bönninghaus, Dortmund; **66**: aus: Hans Jucker, Dokumentation zur Augustusstatue von Primaporta, Hefte des Archäologischen Seminars der Universität Bern, 1977; **67**: akg-images; **68**: Deutsches Institut für Filmkunde e. V., Frankfurt am Main; **69 o. l.**: Rheinisches Landesmuseum, Trier; **90 o. r.**: Deutsches Archäologisches Institut, Rom; **69 M. r.**: Photo Scala, Florenz; **70/M1 o.**: aus: René Goscinny/Albert Uderzo, Asterix als Legionär, Ehapa Comic Cellection – Egmont Manga & Anime; **70/M1 M. und u.**: aus René Goscinny/Albert Uderzo, Der Sohn des Asterix, Ehapa Comic Collection – Egmont Manga & Anime; **72**: aus René Goscinny/Albert Uderzo, Die Trabantenstadt, Ehapa Comic Collection – Egmont Manga & Anime 1986; **78**: ullstein bild; **81**: ullstein bild; **82**: bpk/ Kartenabteilung, Staatsbibliothek zu Berlin – Preußischer Kulturbesitz/III C/Kart. F 31 (Original); **91**: picture-alliance/ dpa; **94**: bpk; **99**: S. Sancha, Das Dorf: So lebte man im Mittelalter auf dem Lande, Gerstenberg 1993; **103**: Stadtarchiv Mainz – BPSP/2763, 12A; **111**: picture-alliance/akg-images; **114**: picture-alliance/akg-images